KB092507

MY
JOB
나의 직업

어쩌면 당신의 시선

CONTENTS

Part One

History

Part Two

Who & What

Part Three

Get a Job

Part Four

Reference

Part One
History

　생일 파티에 빠지지 않는 케이크를 보면 먹는 음식인지 아니면 장식용품인지 구분이 안 된다. 음식과 데코의 결합이다. 이제 음식은 생존을 위하여 먹는 것에서 분위기를 연출해내는 데코레이션의 영역으로 넘어갔다. 푸드스타일리스트가 등장한 이유일 것이다.

　빵은 분명히 서양인들의 주요한 식사였지만 오늘날에는 전 세계 어느 곳에서나 빵과 과자를 만날 수 있을 정도로 보편화 된 음식이 되었다. 그러면 빵과 과자는 서양에서만 발달한 것일까?

　아니다. 우리나라에도 옛날부터 멋스러우면서 맛있는 과자와 떡들이 많이 발달해 있었다. 다만 20세기 서구 문물과 함께 들어온 빵과 과자가 시대적 흐름에서 타고 대중화의 길을 먼저

걸어갔을 뿐이다. 말하자면 '서양의 떡'이라는 호기심을
일으키면서 빵이 우리 생활 속으로 자리하게 되었던 것이다.

 빵과 과자는 떡과 한과와 비교해 볼 때 같은 성질의 음식인데,
단지 다른 문화적 배경을 가지고 있을 뿐이다. 즉 서양과
아프리카를 중심으로 발달한 건조한 음식 문화와 아시아의
쫄깃쫄깃한 음식문화의 차이에서 온 것이라 하겠다.

 그러면 빵과 과자의 세계, 떡과 과자의 세계로 한 번 들어가
보자.

식생활과 문화

자연 환경에 따라 음식문화의 성질이 달라진다. 초원이나 사막과 같은 지형이 많은 유럽, 아프리카, 중동지역에서는 아시아에서처럼 물을 이용한 논농사를 짓지 못하니 주로 밭에서 밀과 밭작물을 경작하고 사냥이나 약탈에 의존하게 되었다. 동물을 기르더라도 초원을 찾아 다녔다.

그래서 이들의 음식 문화는 이동에 편리해야 했고, 쉽게 썩지 않는 건조한 것이거나 요리하지 않고 쉽게 먹을 수 있는 음식들이었다. 사냥한 고기도 주로 말려서 먹거나 통째로 구워서 그냥 잘라먹었다.

반대로 아시아의 온대나 열대 지역에서는 물을 이용한 논농사가 발달하고 고정된 주거환경 속에서 쌀을 익혀먹거나 사냥한 고기와 생선을 찜이나 탕으로 만들어 먹는 등, 따뜻하고 물기가 많은 음식문화가 발달하였다.

이처럼 어떤 지역의 음식문화는 그 지역의 자연적 특성과 밀접한 연관성을 가지고 있다. 이는 사람들이 생존하는데 필요한 음식 재료를 살고 있는 주변에서 획득하기 때문일 것이다. 열매가 많은 지역에서는 열매를 따서 먹는 방법이 발달할 것이고 야생동물이 많은 지역에서는 당연히 육식문화가 발달할 것이다. 일본과 같은 해양지역에서 생선에 대한 조리법이 발달하고 생선의 종류에 대한 명칭이 많이 생겨난 이유다.

사람들은 물론이고 모든 동물들에게 있어서 산다는 것은 생활에 있어서 가장 중요한 목적이자 첫 번째 임무이기 때문에 노동의 시작과 목적은 바로 생존을 위한 음식물의 획득 과정이라고 할 수 있다. 이러한 획득은 주변 상황에 따라 그 방법이 달라지고 이것이 지속적으로 쌓이게 되면 문화라는 형태를 띠게 되는 것이다.

따라서 노동은 처음 출발부터 지역적 특성, 즉 자연 환경적 특성을 가지게 되며 이러한 노동의 방식이 지역 문화로 형성되어 간다.

▲ 말려서 먹거나 통째로 구워서 잘라먹는 바베큐

이렇게 생각해볼 때 음식 문화라는 것은 그 지역 문화의 핵심적
요소에 해당한다고 볼 수 있을 것이다. 그래서 어떤 식재료를
어떠한 방법으로 조리를 하여 먹는가를 유심히 살펴보면 그
속에서 우리는 그들의 살아온 역사와 환경을 엿볼 수 있을
것이다.

이처럼 지역문화 형성의 토대가 되는 음식 문화는 이후에
교통의 발달로 인하여 다른 지역으로도 퍼져 나간다. 하지만
음식의 고향까지 바꿀 수는 없는 것이다. 즉 식재료를 수입하여
지역과 상관없이 세계 모든 나라의 음식을 만들어 먹을 수는
있지만 그만큼 많은 돈을 지불해야 한다. 이는 곧 일부
사람들만이 그것도 별미로 먹을 수 있을 뿐, 모든 사람들이
일상생활에서 먹을 수 있는 음식으로 토착화되기는 쉽지 않다는
것이다.

주식과 간식

- 주식 : 아침, 점심, 저녁처럼 정해진 식사 시간에 주로 먹는 음식
- 간식 : 정해진 식사 시간 이외에 먹는 간단한 음식

사람들의 식생활 습관은 지역에 따라 그리고 시대적 상황 또는 경제적 수준에 따라 다르다고 하겠다. 우리나라에서도 1960년대와는 달리 오늘날 식생활 습관은 아주 많이 바뀌었다. 지금은 하루에 3끼를 먹는 것이 일반적이지만 그 당시만 하더라도 하루에 2끼를 먹고 사는 사람들이 많았다. 그리고 간식이라는 것 자체가 잘 사는 집의 상징이기도 했다. 즉 잘 사는 집에서 식사 시간 이외에 먹는 음식을 간식이라고 생각한 것이다. 그러나 오늘날에는 거의 모든 사람들이 간식을 부자집 사람들만이 먹는 음식으로 생각하지 않을 것이다.

오늘날 우리의 식생활 습관을 둘러보면 하루 3끼를 기본으로 하고 그 이외의 시간에 필요에 따라 간식을 섭취하고 있다. 그 중에는 건강을 위하여 혹은 체중 조절을 위하여 식사의 횟수를 줄인 사람들도 있지만 사회의 기본적 식생활 습관은 하루 3끼이다.

그런데 이 3끼 중에서 예전에는 저녁을 많이 잘 먹었는데 요즈음은 아침을 많이 잘 먹는 것이 좋다고 생각하여 이를 실천하는 사람들도 많이 있어 우리의 식생활 문화가 다시 변모하고 있음을 알 수 있다.

주식과 간식은 바로 이러한 식생활 습관을 근간으로 하는데 주식이라 함은 정해진 식사 시간에 주로 섭취하는 음식의 종류를 말하는데 비하여 간식이라 함은 식사 시간 이외에 먹는 음식을 통상적으로 가르킨다.

오늘날처럼 음식문화가 다양한 사회에서 간식의 종류는 개인의 기호식품과 밀접한 관계를 가지며 지역적 사회적 특성은 많이 약화되었다고 하겠다. 하지만 옛날에는 간식 역시 주변에서

획득하기 쉬운 식재료들로 만들어져 이 역시 지역적 특성을
지니고 있었다. 주식 또한 간식처럼 예전과는 달리 많이
바뀌었지만 간식만큼 다양화 자유화 되지는 못하고 있다.

그런데 여기서 우리가 한번 쯤 생각을 해 봐야 할 것은 바로
매일 식사 때 주로 먹는 주식의 종류와 관련된 문제이다. 무엇을
주식으로 하느냐는 그 지역의 문화와 밀접한 연관성을 지니고
있고 앞으로도 그러한 연관성 때문에 지역 문화의 발전이나
변화에 영향을 미칠 수 있기 때문이다. 물론 주식과 간식의
구분이 갈수록 모호해지고 있는 오늘날 우리 사회를 보면 반드시
주식만 그러하고 간식은 상관없다고도 할 수 없다.

그러나 필요한 경우에 간식은 섭취를 하지 않거나 줄일 수
있지만 주식은 간식처럼 조절이 용이하지 않는 점이 있다. 바로
생존과 가장 많이 연계되어 있기 때문이다. 먹지 않으면 죽는다고
할 때 먹는 것, 즉 식량은 바로 주식을 가르킨다. 그만큼 주식은
사회의 안정과 발전에 있어서 아주 중요한 역할을 한다. 그래서
현대 모든 국가들이 식량, 즉 주식을 안정적으로 확보하는데
노력하고 있다.

그런데 한 나라 국민의 주식이 그 나라에서 생산되지 않는
식재료라면 어떻게 될까?

수입하면 된다고 하지만 그 식재료를 생산하는 국가에서
갑자기 아주 비싼 가격으로 판다던지 아니면 팔지 않겠다고 하면
어떻게 될까?

그래서 식량 문제는 단순히 식재료의 공급 문제가 아니라 한

나라의 운명과도 직결 될 수 있는 문제이기에 이를
'식량안보'라고 부른다.

그러면 우리나라 사람들의 주식은 무엇일까?

예전에는 쌀이 우리의 주식이었는데 요즈음은 쌀 소비가
급격히 줄어들고 그 대신에 밀가루 음식이나 육류의 소비가
늘어나고 있다.

그러면 중국 사람들의 주식은 무엇일까?

그들의 주식은 쌀, 식용유, 육류다. 우리보다는 식용 기름에
대한 수요가 아주 많아 중국 사람들은 기름 없으면 못 산다고
한다.

서양 사람들은 우리가 아는 것처럼 빵을 주식으로 할까?

빵이 그들의 주식임에는 틀림없다. 하지만 더 중요한 주식이
있으니 바로 육류와 유제품이다. 따라서 다양한 빵의 종류도
개발되어 있지만 고기를 가공하는 방법이나 기술 또한 아주
발달해 있다.

이러한 상황에서 빵이 우리 식생활의 주식 자리로 슬그머니
들어오고 있으며 과자는 어느 새 간식의 주인이 되어 버렸다.

자, 그러면 이제 우리의 문화는 어떻게 될까? 한 번 생각해 봄
즉 하지 않을까?

하지만 그만큼 제과제빵이 우리의 식생활 속으로 깊숙이
들어와 제과제빵사에 대한 수요가 많아졌다는 말이 될 것이다.

우리나라 빵의 시초

1885년 선교사들이 숯불을 피운 후에 떡시루를 엎고 그 위에 빵 반죽을 올린 다음 오이자배기(둥글납작하고 아가리가 쩍 벌어진 질그릇)로 뚜껑을 덮어 구운 것을 '우랑떡'이라고 불렀는데 이를 우리나라 최초의 빵으로 보는 사람들이 있다.
또한 1890년경 역시 외국 선교사들이 정동구락부에서 눈처럼 흰 떡인 '설고(雪餻)'라는 것을 만들었는데 이를 우리나라 최초의 카스테라로 보기도 한다.

햄버거는 주식일까? 간식일까?

패스트푸드점에서 가장 인기 있는 햄버거는 미국을 상징하는 음식으로도 알려져 있다. 그러나 햄버거는 원래 미국의 음식이 아니었다. 1850년 뉴욕과 함부르크를 잇는 정기 여객선이 운항을 시작했을 때 수많은 독일인이 미국으로 왔다. 그때 가난한 독일 이민자들이 고향에서처럼 값싼 소고기를 양파와 함께 갈아 다져서 구워먹거나 빵에서 끼워서 먹었는데 다져서 구운 고기는 함부르크 출신들이 주로 먹는다고 해서 함부르크 스테이크라고 불렀고, 이것을 빵 사이에 끼워서 먹는 것을 햄버거라고 했다. 그리고 햄버거는 제2차 세계대전 이후 미국의 영향력이 증대됨과 함께 세계 각국에 널리 퍼지게 되었다.

전쟁과 간편식

음식의 형태와 생활 습관이 연계되어 있는 것을 직접적으로
보여주는 것이 바로 전쟁을 임무로 하는 군인들의 비상용
전투식량이다. 군인들에게 있어서 먹는다는 것은 바로 전투력과
직결되기 때문에 식사가 군대에서 가장 중요한 일 중의 하나라 할
수 있다.

그래서 군인들은 상황이 어떻게 변하던 간에 항상 먹을 수 있는
식량이 있어야 하기에 군대의 역사와 더불어 군인들의 식량은
끊임없이 꾸준히 개발되어 왔다.

기원전 로마에서는 빵을 만드는 도구나 빵을 굽는 화덕의
규모와 형태, 가옥 구조의 문제로 각 가정에서 단독으로 빵을
만들기가 쉽지 않았다. 그래서 마을 단위로 빵을 굽는 장소가
따로 있었다고 한다.

그런데 당시에 빵은 밀을 곱게 갈아서 만든 고급 음식이었기
때문에 사회적 지위가 비교적 높은 군인들에게 가장 먼저
보급되는 군용 식량이었다고 한다. 로마시대에 군인은 아무나 될
수 없는 직위였다. 이러한 이유로 빵 굽는 장소는 당연히
군인들이 주둔하던 요새였고, 부대는 그 자체로 빵 굽는 공장
역할을 했었다고 한다.

정복 전쟁하면 가장 먼저 생각나는 나폴레옹은 '군대도 먹어야
진격 한다'고 말했다. 또 중국의 한나라를 세운 유방의 참모였던
역이기는 '군인은 먹을 것을 하늘로 삼으니 군량미부터
확보하라'고 말했다. 역이기의 이러한 조언으로 유방은 마침내
항우를 물리치고 한나라를 세울 수 있었다.

이런 이야기를 하는 이유는 전쟁과 음식은 동서양을 막론하고
서로 뗄 수 없는 관계에 있다는 것을 말하기 위해서이다.

그리고 전쟁으로 인해 새로운 음식이 생겨나 이후 사람들의
식생활에 많은 변화를 가져온 사례가 많다.

오늘날에도 군대에서는 '전투식량'이라는 군인만을 위한
음식이 있는데, 이 전투식량은 끊임없이 새롭게 개발되고 있다.

© ANURAKE SINGTO-ON

그 결과 현대 군인들은 즉석에서 따뜻하게 밥을 먹을 수 있는 최첨단의 전투식량을 가지게 되었지만 옛날에는 주먹밥이나 말린 쌀, 미숫가루 같은 것이 전투식량이었다.

다음은 군인들의 전투식량을 개발한 사례들이다.

〈건빵이야기〉

전투식량의 하나이자 간식으로도 유명한 건빵을 이야기해 보자. 건빵의 기원은 비스킷이다. 일본이 이 비스킷을 개량해서 오늘날의 건빵을 만들었다. 당시 일본의 전투식량인 주먹밥은 여름에는 쉽게 쉬어버리고 겨울에는 얼어서 먹을 수가 없었다. 게다가 휴대하기도 쉽지 않았고 장기간 보관은 더 어려웠다.

19세기 중반, 메이지 유신 때 일본은 유럽을 흉내 내려고 여러 가지 개혁을 추진했는데 그중에 하나가 병사들에게 하루 세끼 밥 대신 빵을 먹이는 것이었다. 유럽인들의 주식이 빵인 것을 알고 자신들도 주식으로 빵을 먹으면 유럽인들처럼 될 것으로 믿었던 것이다. 그러나 그러한 계획은 병사들의 심한 반발로 취소되었다.

© Yeongsik Im

하지만 전투식량으로 빵을 이용하려는 계획은 주먹밥을
대체해야 하는 필요성과 함께 이후에도 연구가 지속되어 서양의
비스킷을 응용한 '중소면포'를 개발했다. 이 '중소면포'가 바로
건빵의 원조이다.

1894년 청일전쟁을 계기로 보급선이 길어져 식량 공급이
어렵게 되자, 가볍고 휴대하기 편리하며 장기간 보관이 가능한
비상식량이 필요해진 일본은 유럽에 기술자를 보내어 각국의
군용식량을 연구하였다. 1903년 러일전쟁이 끝날 때 쯤 드디어
새로운 비상 전투식량이 만들어졌는데 극한 추위와 더위, 습기를
모두 견딜 수 있도록 기존의 중소면포를 개선·발전시킨 건면포,
즉 건빵이었다. 중소면포가 건빵으로 이름이 바뀌게 된 것은
중소면포의 '중소'와 큰 부상을 당했다는 '중상'의 일본어 발음이
같았기 때문에 명칭이 좋지 않다고 하여 바꾸었다고 한다. 이러한
과정들을 거쳐서 지금과 같은 건빵이 나온 것은 세계 제2차
대전이 일어나기 직전이라고 한다.

건빵은 현재 일본 자위대 뿐 아니라 우리 국군과 중국
인민군에게 각각 건빵과 압축병간(壓縮餅干)이라는 이름의
전투식량으로 지급되고 있다. 미국을 비롯한 유럽 각국의
전투식량에도 비스킷이 포함되어 있다. 결국 이름과 모양은
다르지만 전 세계 군인들의 비상 전투식량중 하나가 건빵인
것이다.

중소면포

중소(重燒)는 두 번 구웠
다는 뜻이고 면포(麵包)는
빵이라는 뜻으로 중소면
포는 '두 번 구운 빵'이라
는 뜻이다. 빵을 두 번 구
우면 수분이 없어져서 장
기 보관이 가능하게 된다.

© mario.lizaola

〈샌드위치 이야기〉

　빵과 빵 사이에 햄, 치즈, 채소, 계란 프라이 등을 끼워 먹는
비교적 간단한 음식인 '샌드위치'의 샌드위치는 원래 영국
남동부의 도버해협에 있는 중세 모습을 지닌 유명한 관광도시
이름인데, 18세기에 이 도시의 영주였던 샌드위치 백작 4세, 존
몬태규 경 때문에 음식의 이름으로 널리 알려지게 되었다.

　존 몬태규 경은 영국 명문 해군제독 집안 출신으로 옥스퍼드
대학을 졸업하고 세 차례나 영국 해군성장관을 지냈고 하와이
섬(옛날 이름이 샌드위치 섬이었다고 한다)을 발견했으며 미국
독립전쟁 등에 직·간접적 영향을 끼친 인물이기도 하다.

　미국이 영국을 상대로 한 독립전쟁 당시 해군성장관이었던 존
몬태규는 군비축소와 재정적인 이유로 영국 해군의 규모를
줄였으며 또한 프랑스 해군이 공격할 수 있다는 이유로 영국
함대의 미국 파견을 반대했다. 이로 인하여 그는 영국이 미국의
독립전쟁에 적절하게 대응하지 못하여 미국으로 하여금 독립할
수 있는 빌미를 제공했다는 비판을 받게 되었다.

　이 일로 존 몬태규는 무능하고 부패한 인물로 간주되었으며,
먹는 시간도 아까워 빵 사이에 고기를 끼워먹으며 도박을 즐긴
인물로 묘사되었다.

　이 사건으로 존 몬태규가 먹은 빵이 샌드위치라 불리며 세상
사람들에게 알려지게 되었다. 사실은 해군성장관을 할 때에
업무가 바빠서 '샌드위치'를 만들어 먹었을지도 모르는데 말이다.

〈징기스칸의 서양 정벌과 육포 이야기〉

　육포는 고기를 말린 음식의 일종으로
여행이나 비상식량의 용도로, 최근에는 주류의
안주용으로 많이 사용되고 있다.

　그러면 이러한 육포는 언제부터 사용하게
되었을까?

　중앙아시아 초원에 살던 몽고족은
유목민으로 평상시에는 이동식 천막을 치고
생활하며 가축도 키우고 요리를 해먹지만
장거리 이동을 할 때에는 양을 잡아 고기를
잘게 썰거나 덩어리를 말안장에 넣어 다니며
먹었다. 이때 생고기 덩어리는 질겨서 먹기가
어렵기에 고기를 다져서 말안장에 넣고
다녔다고 한다. 그런데 말안장에 넣어 다니면
말이 달릴 때의 충격으로 고기가 더 연하고
부드러워지며 말의 체온 덕분에 숙성까지 되어
맛도 좋아졌다고 한다. 바로 오늘날 우리가
알고 있는 육포가 그렇게 탄생한 것이다.

　이 육포는 징기스칸의 대륙 정복 사업에서 큰
몫을 하였는데 바로 군인들의 식량으로 사용된
것이다.

　13세기 징기스칸이 이끄는 몽골군과 타타르
연합군은 중앙아시아를 넘어 카자흐스탄을
거쳐 우크라이나와 러시아를 공격하였다. 이때
몽골군은 며칠을 쉬지 않고 행군하면서 적을
기습공격을 했는데, 그들은 말에서 내리지 않고
안장에서 다져진 육포를 씹으며 말을 달려
순식간에 적진을 습격했다고 한다.

　육포는 가지고 다니면서 먹기도 간편했지만
고단백질 보충원으로 체력 향상에도 도움이
되었고 무엇보다 오랫동안 먹을 수 있어 전쟁을
하는 군인들에게는 안성맞춤의 식품, 바로
오늘날의 이른바 '전투식량'이었던 것이다.

　징기스칸이 기마병을 이용하여 재빠른
기습공격으로 유라시아를 제패할 수 있었던
것은 바로 이러한 전투식량, 즉 육포가 있었기
때문에 가능했을지도 모른다.

sungsu han

〈화랑도와 미숫가루 이야기〉

　신라 화랑들이 전국을 다니며 심신 단련을 할 때 먹었던 음식이
미숫가루였다. 전쟁터에서 먹었던 것도 역시 미숫가루였다.

　미숫가루는 먹었을 때 아주 큰 포만감을 주지는 않지만 오랜
시간 배고픔을 느끼게 하지 않으면서 몸을 가볍게 할 수 있어서
간식으로 아주 좋은 음식이라 하겠다. 그래서 현대에는
다이어트용으로도 많이 애용하는 음식이다.

　그래서 이러한 미숫가루는 전쟁 시 피난민이나 군인들에게는
없어서는 안 될 비상식량이었다. 조선 초, 세조 때 북쪽
오랑캐들이 압록강을 넘어 의주 땅으로 쳐들어 왔을 때도,
임진왜란 및 정유재란 때에도 미숫가루는 비상식량으로 널리
이용되었다고 한다.

　중공군도 한국동란 당시에 미숫가루에 콩, 옥수수, 수수가루를
섞고 소금을 조금 가미한 혼합 미숫가루를 전투식량으로
사용하였다.

　이는 미숫가루가 휴대하기 간편하고 변질이 잘 되지 않으며
배고픔을 달래주고 체력을 유지하는데 도움을 주기 때문이다.

　이처럼 식량과 환경은 밀접한 연관성을 가지고 있다.

29

빵의 분류와 종류

밀가루 또는 그 외 곡물에 이스트, 소금, 물 등을 가미해 반죽을
만든 후 발효시켜 구워낸 것을 빵이라고 한다. 기원전 7,000년경
스위스 호숫가에 살던 사람들이 모래처럼 굵게 빻은 곡물을
반죽하여 빵을 구웠는데 이것을 빵 제조의 효시로 보는 견해가
있다.

오늘날 일반적으로 빵은 밀가루, 물, 설탕, 이스트(yeast, 빵을
부풀릴 때 쓰는 효모균)로 만들지만 그 외에 유지, 계란, 소금,
베이킹파우더와 그 밖에 초콜릿, 건포도, 술 등을 사용하기도
한다.

그래서 우리는 빵을 만드는데 사용하는 원료에 따라 빵의
종류를 나누기도 한다.

또한 반죽하는 방법이나 굽는 방법, 재료 배합 방법에 따라서
분류하기도 한다.

〈재료에 따른 분류〉

밀가루빵, 보리빵, 옥수수빵, 호밀빵, 쌀빵, 혼합빵 등이 있다.

〈재료의 배합에 따른 분류〉

밀가루·이스트·식염만으로 만든 프랑스식 빵과 설탕·우유
·유지 등을 배합한 미국식 빵이 있다.

〈제품에 따른 분류〉

밀가루를 주재료로 하고 주식 대용으로 사용되는 제품인
식빵류, 설탕 및 유지류가 식빵류보다 많이 첨가된 과자빵류,
오븐에서 굽거나 찌거나 튀기거나 2번 구운 특수빵류, 요리와
조합된 제품인 조리빵류가 있다.

- 식빵류 : 호밀빵, 옥수수식빵 등 각종 식빵, 바게트, 하드롤 등
- 과자빵류 : 스위트 롤, 커피 케이크, 크로와상, 브리오슈 등
- 특수빵류 : 러스크, 도넛, 크로켓, 만두 등
- 조리빵류 : 샌드위치(영국), 피자(이태리), 햄버거(미국),
  카레빵(인도), 피로시키(러시아) 등

〈발효 상태에 따른 분류〉

빵이 되기 위한 요소 중의 하나인 이스트가 발효하기 위해서는
당의 존재가 필요한데 당은 설탕을 직접 첨가하기도 한다. 이때

> **유지**
>
> 빵을 부드럽게 만들고 부
> 풀어 오르는 것을 도와주
> 며 풍미와 영양가를 높여
> 주는 것은 물론이고 빵을
> 오래 보관 할 수 있게 도와
> 준다.
> 유지는 액체인 기름(참기
> 름, 면실유)과 고체인 지방
> (팜유, 버터)으로 나눈다.
> 그리고 가공 유지로 마가린
> 과 쇼트닝이 있다.

당의 함량에 따라 발효상태도 달라져서 여러 빵으로 분류되는데
이를 살펴보면 아래와 같다.

- 밀가루 기준 4~12%의 설탕 함유 : 가장 일반적이고 많이
  만들어지는 일반 식빵류
- 밀가루 기준 12~25%의 설탕 함유 : 비교적 많은 설탕이
  함유된 앙금빵, 패스트리 등의 단과자 빵류
- 밀가루 기준 0.5~4%의 설탕 함유 : 아주 적은 양이나 혹은
  전혀 설탕을 사용하지 않는 제품으로 프랑스 빵류

〈기타 분류〉

그 밖에 팽창제 사용 유무에 따라 발효빵, 무발효빵,
속성빵(Quick Bread, 화학팽창제 사용)으로 분류되며, 구울 때
일정한 형틀이나 철판의 사용 유무에 따라 분류하기도 한다.

과자의 분류와 종류

이제 과자에 대해서 알아보자. 과자도 빵과 마찬가지로 밀가루나 곡식가루에 계란, 설탕, 유지, 화학적 팽창제나 베이킹 파우더, 물 등을 적절히 혼합하여 구운 것이다.

그렇지만 빵과 달리 발효를 거치지 않으며, 기본 재료는 계란과 설탕, 밀가루인데 간혹 계란의 거품도 중요한 재료가 되기도 한다.

〈제품에 따른 분류〉

반죽형, 거품형, 시퐁형 케이크 등과 같은 서구식 양과자류, 수분 함량이 높은 과자인 생과자류, 기름에 튀긴 제품인 튀김과자류와 딱딱한 밀가루 반죽으로 만든 페이스트리류, 수분이 별로 없는 건과류, 차갑게 식히거나 굳혀야 제 맛을 내는 냉과류 등이 있다.

- 양과자류 : 일반 케이크, 스펀지, 파운드, 비스킷 등
- 생과자류 : 나가사키 카스테라 등
- 튀김과자류 : 케이크 도넛 등
- 페이스트리류 : 퍼프 페이스트리, 파이, 크로상
- 건과류 : 수분이 적은 쿠키(수분함량 10% 이하)
- 냉과류 : 무스, 바바루아, 셔벗, 아이스크림, 푸딩 등

〈가공 형태에 따른 분류〉

- 케이크류 : 반죽형, 거품형, 시퐁형 케이크 등
- 데코레이션 케이크 : 스펀지 케이크, 레이어 케이크 등의 케이크 시트에 여러 가지 장식(아이싱, 토핑)을 함으로써 맛과 함께 시각적인 효과를 높인 케이크(단, 먹을 수 있는 재료이어야 한다)

나라별 전통 과자에 대한 호칭

- 한과(韓菓) : 우리나라 전통적인 과자
- 화과자(和菓子) : 일본의 전통적인 과자
- 중화과자(中華菓子) : 중국의 전통적인 과자
- 양과자(洋菓子) : 서구 여러 나라의 과자

■ 공예과자 : 여러 가지 재료를 사용하여 미적 효과를 살린
  제품으로 과자에 예술적 기교를 가미한 것이다. 데코레이션
  케이크와 달리 먹을 수 없는 재료의 사용이 가능하고
  대부분 먹을 수 없다.
■ 초콜릿 제품 : 초콜릿을 이용한 과자제품으로 초콜릿
  자체를 녹여 생크림 등을 섞은 후 여러 모양으로 만들어
  굳힌 정형제품과 녹인 초콜릿을 다른 것에 입혀서 만든
  코팅제품이 있다.
■ 캔디류 : 설탕을 주재료로 하여 만든 제품으로 일명
  사탕과자

〈빵과 과자의 구분〉

구분	빵	과자
밀가루 종류	강력 밀가루	박력 밀가루
설탕의 양	적음	많음
이스트 사용 유무	O	X
반죽상태	유동성이 없음	유동성이 있음

〈기타 분류〉

　우리가 생각하는 과자는 보통 쿠키를 말하는데 쿠키도 작은
케이크의 일종이다. 반죽하는 방법이 케이크를 만들 때와 거의
비슷하고 다양한 종류가 있다. 그렇지만 케이크나 빵 등에 비해
수분의 함량은 매우 적다. 그리고 이스트를 사용하지 않는
파이류도 과자로 분류된다.

케이크는 빵일까? 과자일까?

우리가 커피숍이나 특정 기념일에 먹는 케이크는 빵이 아니라 제과 즉 과자로 분류된다. 케이크는 주식으로 먹던 빵을 만들던 경험과 지식을 가지고 좀 더 부드러운 과자를 만들고자하는 노력에서 탄생되었는데 현재와 같이 가볍고 부드러운 케이크는 17세기에 개발되었다.

설탕 혹은 밀가루 양이 많은 반죽형 케이크와 계란의 양이 많은 거품형 케이크

반죽형 케이크는 밀가루, 계란, 우유와 함께 상당량의 유지를 함유하고 있는 제품으로 파운드 케이크(설탕= 밀가루)와 레이어 케이크(설탕>밀가루), 머핀(설탕<밀 가루)이 있으며 거품형 케이크는 밀가루, 설탕과 함께 많은 양의 계란을 사용하여 기포(거품)를 생성시켜 만 드는 제품으로 스펀지 케이크나 롤 케이크, 엔젤푸드 케 이크 등이 있다.

빵과 과자의 용도

빵은 큼지막한 덩어리를 손으로 찢거나 잘라내어 버터를 발라
먹기도 하고, 바삭하게 구워서 잼을 발라 먹었다. 꼭 잼이나
버터가 아니라도 야채나 스프, 소스 등을 빵 위에 올려 먹거나 빵
사이에 고기를 끼워먹거나 고기와 함께 먹기도 하고, 고기를 먹기
전 스프와 함께 먹으면서 마지막을 정리하기도 한다. 무기질과
함께 야채보다 더 많은 섬유질을 포함하고 있는 통밀빵과
호밀빵은 요즈음 건강빵으로 인기가 높다. 또 베이글 류는
밀가루와 물, 소금으로만 만들어 열량이 낮아 다이어트 식품으로
사람들이 많이 찾는다. 이탈리아에서 담백한 빵 위에 각종
재료들을 올려서 구워내어 먹었던 빵이 발전하여 지금은
'피자'라는 이름으로 그 하나로도 충분히 배고픔을 잊게 해주는
주식과 간식의 역할을 하고 있다.

그렇다면 각 나라에서는 빵과 과자를 어떻게 이용하는지
알아보자.

〈이탈리아〉
이탈리아 빵은 한 번에 크게 만들어놓고 먹을 만큼 잘라서
판매하는 것이 특징이며, 밀가루만으로 자연 발효 빵을 만든다.
웰빙 음식으로 각광받고 있으며 주식으로 애용된다.

■ 그리시니(grissini) : 가늘고 긴 막대 모양의 빵으로
나폴레옹이 즐겨먹었다 하여 '나폴레옹의 지팡이'라는 별명이
있다. 14세기 이탈리아 토리노 지방의 제빵사 안토니오
브루네로가 처음 만들어 사보이(Savoia)가(家)에 바쳤던 것에서
유래되었다. 전채요리나 메인요리, 와인 안주로 사용된다.

■ 포카치아(focaccia) : 밀가루 반죽에 올리브유와 소금, 간단한

▲ 긴 막대 모양의 빵 그리시니(grissini)

▲ 화덕에 구워먹는 포카치아(focaccia)

허브를 섞어 구워낸 빵으로 주로 서민들이 즐겨먹던 빵, 오븐이 발명되기 전 화덕에 구워 만들었다. 토핑에 따라 다양한 맛을 내는 많은 종류의 포카치아가 있다. 특히 제노바에서는 채썬 양파를 볶아 올려주며 '제노바 피자(Pizza Genove se)'라고 불리운다.

■ 파니니(panini) : 노동자들이 일하던 중간에 먹던 것에서 유래한 파니니는 빵을 굽는 도구를 지칭한다. 샌드위치처럼 빵 사이에 고기나, 치즈, 구운야채, 햄 등을 넣고 그릴에 익혀먹는다. 이 때 그릴에서 구워내어 사선의 긴 줄이 생기는 것이 특징이며 길거리에서도 쉽게 찾아볼 수 있다.

■ 치아바타(ciabatta) : 납작한 슬리퍼라는 뜻. 세계 제2차 대전 직후 곡물이 부족해서 최소한의 반죽으로 조금씩 늘려 만들었다고 한다. 특징은 '비가(biga)'라는 원형의 발효 반죽을 사용하는 것이며 이 반죽 덩어리를 사용해 반죽을 해야 속은 촉촉하고 구멍이 뚫려 맛있는 치아바타가 만들어진다.

▲ 차와 함께 먹는 스콘(scone)

▲ 팜하우스 로프(farmhouse loaf)

〈영국〉

　영국에서는 주로 오후 3시~5시 사이에 꼭 티타임을 갖는데
이때 차와 함께 간단한 샌드위치와 비스킷, 과자, 초콜릿을
곁들여 먹는다.

　■ 스콘(scone) : 티타임에 가장 즐겨먹는 빵. 버터와 밀가루,
우유와 설탕을 반죽하여 작은 크기로 구워낸 빵이다.

　■ 콥(cob) : 사람의 머리처럼 동그란 모양의 주로 통밀을
사용하여 구워낸 빵. 기본적인 영국 스타일의 빵이다.

　■ 팜하우스 로프(farmhouse loaf) : 주로 농가에서 만들어
먹었던 식빵으로 영국에서 가장 대중적인 빵이다.

© LE Photo

▲ 폴콘 브로트(vollkorn brot)

© Harald Schottner

▲ 로겐 브로트(roggen brot)

〈독일〉

독일에서는 빵에 기름기와 설탕기가 들어있지 않다. 호밀로 만들어진 빵에는 기름기가 전혀 없다. 그래서 독일인들은 일반적으로 빵을 반으로 자른 뒤 버터를 바르고, 그 위에 잼이나 메이플 시럽, 꿀을 얹어 먹으며, 치즈, 햄, 소시지와 양파를 넣어 먹기도 한다.

■ 브레첼(bretzel) : 밀가루 반죽을 둥글게 기본 모양으로 구워낸 독특한 모양의 독일을 대표하는 빵. 소금이 박혀있어 짠맛이 인상적이다. 같은 모양 작은 크기의 과자도 있다.

■ 폴콘 브로트(vollkorn brot) : 호밀과 밀의 비율이 9:1로 겉면이 딱딱하고 강한 신맛이 특징인 독일인들이 주식으로 즐겨 먹는 빵이다. '호밀 빵'으로 불리우며 '스로트'라는 호밀 알갱이가 들어있다. 거친 질감으로 처음에는 먹기가 쉽지 않다.

■ 로겐 브로트(roggen brot) : 호밀가루를 90%까지 넣은 신맛이 강한 호밀 빵으로 '흑빵'이라고 불리운다. 독일인 뿐 아니라 북유럽 국가의 사람들이 선호하는 빵 중의 하나로 겉은 딱딱하지만 안쪽은 부드럽다.

〈프랑스〉

　우리의 식탁에서 김치가 중요한 역할을 하는 것처럼, 프랑스 사람들의 식탁에서 '빵'은 그들의 식문화를 보여주는 중요한 음식이다. 프랑스에서 빵은 그들의 문화로 인식된다고 한다. 프랑스 정부에서는 그들의 문화유산을 보존하고 유지하기 위해 법률로 엄격하게 정의하고 있는데 빵도 그 속에 포함되어 있다고 한다. 이렇게 생각하면 빵을 엄청 귀하게 여길 것 같으나 실생활에서의 빵은 그렇지 않다. 프랑스의 가장 대표적이라는 빵 바게트를 어린아이들은 칼싸움의 도구로 이용하기도 하고 어른들은 아이들을 야단칠 때 사용하기도 한다.

　■ 바게트(baguette) : 소맥분으로 구워내는 바게트는 구워낸 뒤 8시간이 지났을 때가 가장 맛있는 상태라고 한다. 모양은 길쭉하고 단단하며 그 모양과 크기에 따라 이름이 구분되는데 우리나라에서 유명한 바게트는 65~67센티미터 정도의 길이에 280그램의 무게를 가진다. 프랑스의 가장 대표적인 빵으로 빵 표면의 칼집은 처음에는 빵의 트임을 막고 식감을 살려내기 위한 것이었으나 지금은 빵을 만드는 사람의 사인이나 표식을 의미하기도 한다.

　■ 프렌치 토스트(french toast) : 프랑스보다 북미에서 더 인기있는 빵으로, 오래되어 눅눅해지거나 건조된 빵을 달걀과 우유에 담근 뒤 구워내어 먹는 것으로 아침 식사에 많이 이용되고 간식과 디저트 등으로도 이용된다.

　■ 크루아상(croissant) : 프랑스어로 초승달을 의미하는 크루아상은 지방분이 많고 짭짤하여 아침에 즐겨먹는 빵으로 층을 이루며 삼각형 혹은 초승달 모양으로 속이 비어있어 가볍다.

▲ 프랑스의 대표적인 빵 바게트(baguette)

▲ 프렌치 토스트(french toast)

▲ 크루아상(croissant)

떡과 한과의 분류

〈떡의 분류〉

　떡은 쌀과 기타 곡물을 주원료로 하여 고물을 묻히거나 소를
넣어서 먹거나, 곡식으로 가루를 낸 후 가루를 찌거나 삶아 익힌
뒤 먹거나, 모양을 빚어 먹은 음식이다. 찹쌀이나 멥쌀을
사용했으며 동남아시아 대륙 한국, 중국의 서남부, 일본을
비롯하여 인도의 아삼 지역에 서 떡문화가 발달했다.

　우리에게 떡은 별식이며 간식으로 특히 가을과 겨울에 많이
먹었다. 가을엔 추수 후에 '무시루떡'같은 것을 해먹었고,
겨울에는 '인절미'를 만들어 구워서 꿀이나 조청 또는 홍시에
찍어 먹었다. 떡은 만드는 방법에 따라 찌는 떡, 치는 떡, 지지는
떡, 삶는 떡으로 분류된다.

　■ 찌는 떡(찐 떡) : 8~10시간 물에 불린 쌀가루를 곱게 빻아서
시루에 넣고 김을 쏘여 익히는 것으로 이것은 다시 백설기 같은
설기떡, 팥시루떡이나 호박떡 같은 켜떡, 송편과 같은 빚어
찌는 떡, 증편(술떡)같은 부풀려 찌는 떡으로 나누어진다.
요즈음 퓨전 떡이라고 하는 과일설기와 떡케이크도 찌는 떡에
속한다.

　■ 치는 떡(친 떡) : 시루에 찐 떡을 열기가 있을 때 절구나
떡메로 쳐서 만드는 절편, 찹쌀로 지은 밥을 쳐서 만드는
인절미, 찹쌀을 가루 내어 찐 다음 쳐서 만드는 경단, 단자 등이
있다. 떡국의 재료인 가래떡도 이에 속한다.

　■ 지지는 떡(지진 떡) : 찹쌀가루를 물로 반죽하여 뭉친 후
기름을 두른 솥뚜껑이나 번철(솥뚜껑과 비슷하게 생긴 무쇠로 만든
그릇)에 지져서 만드는 것으로 진달래, 국화꽃잎 등을 얹고
지지는 화전, 팥고물 등 소를 넣고 반달 모양으로 말아서
지지는 주악(찹쌀가루)과 찹쌀가루나 밀가루를 익반죽하여

> **개피떡(치는 떡)**
>
> 개피떡은 절편과 같은 방법
> 으로 친 떡을 얇게 밀어 팥
> 고물로 소를 넣고 반달 모
> 양으로 찍어낸 것으로, 반
> 달 모양으로 눌러 찍을 때
> 바람이 들어가 통통해지기
> 때문에 '바람떡'이라고도
> 한다.

둥글납작하게 빚고 기름에 지져내 팥소를 넣어 반달모양으로
접어낸 떡으로 부꾸미(수수가루, 녹두가루) 등이 있다.
잔치나 명절에 큰 상에 시루떡 등을 높이 괼 때, 맨 위에 한두
켜씩 얹어 쓰는 웃기떡으로 많이 쓰였다.

■ 삶는 떡(삶은 떡) : 찹쌀가루나 수수가루를 물로 익반죽하여
동글게 혹은 도넛 모양(구멍떡)으로 만든 후에 끓는 물에 삶아서
팥고물이나 콩고물을 입힌 경단과 단자 등이 있다. 찰수수
가루로 경단을 만들어 붉은 팥고물을 묻혀 돌상에 놓는 액막이
떡인 수수경단, 노란 콩가루·파란 콩가루·흑임자가루로 고물을
한 삼색경단, 삼색경단에 쓰인 고물에 파래 가루와 거피한
녹두를 추가한 오색경단 또는 각색경단 등이 삶는 떡의 대표적
떡이라 할 수 있다. 제주도의 오메기떡은 구멍떡 형태의 삶는
떡이며 다른 지역과 달리 차조 가루로 만든다는 특징이 있다.

만드는 방법	떡의 종류
찌는 떡(증병 蒸餠)	켜떡(시루떡, 편), 설기떡, 빚어 찌는 떡(송편, 두텁떡), 부풀려 찌는 떡(증편)
치는 떡 (도병 搗餠)	가래떡, 인절미, 절편, 단자, 개피떡
지지는 떡 (전병 煎餠)	화전, 산승, 주악, 부꾸미, 기타 전병류
삶는 떡 (경단 瓊團)	경단류

찌는 떡 종류

■ 설기떡 : 켜를 만들지 않고 쌀가루가 한 덩어리가 되게 하여 찐 떡. '무리떡'이라고도 한다. 대표적인 설기떡에는 백설기, 콩설기, 감설기, 밤설기, 쑥설기, 잡과병(雜果餠), 석이떡(石耳餠) 등이 있다.

■ 켜떡 : 주재료(쌀가루나 찹쌀가루)와 고물(팥, 녹두, 깨 등)을 시루에 차례로 안쳐 켜를 짓고 찌는 떡이다. 고물 대신 밤, 대추, 석이채, 잣 등을 고명으로 얹어 찌는 각색편도 켜떡에 속한다. 고물을 사용하여 켜를 두툼하게 안친 것을 '시루떡'이라고 하고 고물을 사용하지 않고 켜를 얇게하여 안친 것을 '편'이라고 한다. 편은 주로 의례용으로 사용된다. 대표적인 켜떡으로는 팥시루떡, 무떡, 호박떡, 송피병, 각색차시루떡, 백미병, 녹두고물시루떡, 승검초떡 등이 있다.

■ 빚어 찌는 떡에는 송편과 두텁떡이 있는데 송편은 송병(松餠) 또는 송엽병(松葉餠)으로도 불리며, 멥쌀가루를 익반죽하여 풋콩 · 깨 · 밤 등의 소를 넣고 모양을 빚어 시루에 솔잎을 넣고 찐 떡이다. 추석 명절의 대표적인 떡으로 모시잎송편 · 오색송편 · 감자송편 · 무송편 · 칡송편 등 종류가 다양하다. 두텁떡은 모양을 만들어가며 찐다는 특징이 있으며, 혼돈병 · 합병 · 후병으로도 불린다.

■ 부풀려 찌는 떡은 '증편'이라고 하며, 멥쌀가루에 막걸리를 넣어 반죽하여 막걸리의 효모가 발효되면서 탄산가스를 발생시켜 쌀가루 반죽이 부풀어 오르면 틀에 넣고 그 위에 고명으로 밤 · 대추 · 석이버섯 채 썬 것 · 실백 등을 얹어서 찌는 떡이다. 완성된 증편은 빵처럼 기공이 있는 스펀지 형태이며, 술을 넣어 반죽하기 때문에 여름에도 쉽게 상하지 않는다는 특징이 있다.

〈한과의 분류〉

과일이 없는 계절에 곡물의 가루와 꿀을 이용하여 과일 형태를 만들고 과일 나무의 가지를 꽂아서 제사상에 올렸던 한과는 곡물가루나 과일, 식용 가능한 식품에 꿀이나 엿 등을 섞어서 달콤하게 만들어 먹는 것으로 우리나라의 전통 과자이다.

과(果)는 삼국유사의 가락국기 수로왕조에 처음 나오는데 수로왕묘 제수에 과(果)가 쓰였다는 기록이 있다. 우리나라에서 제일 먼저 만들어진 한과류는 '엿'과 비슷한 것으로 추정되며 고려시대 귀족들이 애용한 과자로는 유밀과가 있었다고 한다.

조선시대에는 임금이 받는 어상을 비롯해 한 개인의 통과의례(예: 어린아이 돌상) 상차림에 대표하는 음식으로 등장하는데 1763년 〈성호사설〉에 조과(造果)가 제수로 쓰였음을 기록하고 있다.

우리나라는 전통적으로 과자를 과정류라고 하여 외래(서양) 과자와 구별하였다. 한과류 또는 조과(造果)라고도 하며 천연물에 맛을 더하여 만들었다는 뜻으로 유밀과, 유과, 정과, 다식, 숙실과, 과편, 엿 강정류가 있다.

■ 유밀과류 : 밀가루를 주재료로 기름과 꿀을 부재료로 섞어 반죽해서 여러 모양으로 빚어 기름에 지진 과자 또는 약과라고 불리우며 중요한 제사음식 중의 하나이다. 약과를 만드는 틀에 찍어낸 정교한 꽃모양의 약과는 궁중약과라고 하고 사각 형태로 만든 것은 개성약과라고 한다.

■ 강정류 : 찹쌀가루에 술을 쳐서 반죽하여 찐 것을 재료로 하여 만들며, 강정으로 불려진다. 제사, 연회, 차례상에 필수 음식이다.

유밀과

불교행사인 연등회, 팔관회 등 크고 작은 행사에 반드시 고임상으로 쌓아 올려졌고 왕의 행차 때 고을이나 사원에서 진상품으로 올려졌던 한과이다.
제사에 필수 음식이었고 왕공(王公), 귀족, 사원에서 성행하였다. 오늘날의 약과와 같은 것으로 고려시대에 발달한 유밀과는 한국의 명물음식으로 유명하여 몽고에서는 고려병(高麗屛)이라고 했다.

© Yeongsil Im

■ 산자류 : 강정바탕을 네모나게 썰어 튀긴 것으로 과줄이라고 한다. 매화산자, 연사과, 감사과 등이 있다.

■ 다식(茶食)류 : 볶은 곡식가루를 꿀로 반죽하여 다식판에 넣어 찍어내어 만든 것으로 쌀다식, 콩다식, 흑임자다식, 송화다식 등이 있다. 혼례상, 제사상 등 의례상에는 반드시 쓰인다.

■ 정과류 : 수분이 적은 식물의 뿌리나 줄기, 열매를 살짝 데쳐서 설탕물이나 꿀, 조청에 조린 것으로 연근정과, 생강정과, 행인정과, 수삼정과, 모과정과 등이 있다.

■ 숙실과류 : 과실이나 열매를 찌거나 삶아 꿀에 조린 것으로 초와 란으로 나뉜다. 초는 과실이나 열매를 원래 모양대로 통째로 익혀 설탕물에 조린 것으로 밤초, 대추초가 유명하며 란은 열매를 삶은 뒤 으깨어 설탕이나 꿀에 조린 다음 다시 열매 본래의 형태와 비슷하게 빚은 것으로 생란, 율란, 조란 등이 있다.

■ 과편류 : 과실이나 열매를 삶아 거른 즙에 녹말가루를 섞거나, 설탕이나 꿀을 넣어 조려서 엉기게 한 다음 네모나게 썬 것으로 앵두편, 복분자편, 모과편, 오미자편 등이 있다.

■ 엿강정류 : 여러 가지 곡식이나 견과류를 조청이나 엿물에 버무려서 서로 엉기게 한 뒤 굳혀서 자른 것으로 들깨, 참깨 땅콩, 잣 등을 재료로 잣, 호두 대추 등을 웃고명으로 보양과 맛을 낸다. 깨엿강정, 콩엿강정, 쌀강정 등이 있다.

■ 엿류 : 우리나라 한과류 중에서 제일 먼저 만들어졌던 것으로 엿의 단맛 때문에 음식의 맛을 내는 조미료로 사용되었으며, 특산물을 이용한 저장식(오래두어도 변하지 않는)이었다. 조청이 여기에 속한다.

각 지역의 유명한 엿

강원도는 옥수수로 만든 황골엿, 전라도는 쌀엿, 무안지방은 고구마엿, 제주도는 엿에 닭고기와 꿩고기를 넣어 만든 태식이 유명했다.

떡과 한과의 용도

삼칠일, 백일, 돌, 책례, 혼인, 회갑, 제례 등 통과의례와
명절이나 잔칫날에 빠지지 않는 음식이 떡이었다. 그리고 또한
절기마다 제철에 나는 재료로 다양한 떡을 빚어 먹었다.

한과는 후식으로 먹는 과자류이나 제사, 혼사, 잔치 때에
사용하는 필수 음식이었다. 다과상, 진다례, 다정 모임 등에
과정류가 쓰였다.

통일신라시대에는 유밀과를 불교의 제물로 사용하기
시작했으며 고려시대에는 기호품으로 차와 함께 하는 것으로
귀족층에서 유행하였다.

지금도 설이나 추석, 각 연회상에 빠질 수 없는 한국인의
의례식품, 기호식품이다.

특히 다식은 제례나 혼례, 명절에 필수품이었지만 종종
상비약으로도 쓰였다. 식중독에는 검은깨로 만든 흑임자다식을,
기침에는 도토리다식을, 허약한 기를 보한다하여 노부모님께
드리는 다식은 산약다식 등이 있다.

이 밖에도 다식은 차의 맛을 좋게 해주는 것으로 차와 함께
후식으로도 많이 쓰였다.

통과의례

사람이 태어나서 생을 마
칠 때까지 지나는 몇 고비
의 의례로 백일, 돌, 혼례,
회갑, 제례 등을 말한다.

© Nina Firsova

유명한 빵과 과자

〈각국의 유명한 빵〉

■ 인도의 난(naan) : 밀가루와 소금, 계란을 섞어 반죽을 하여
화덕(탄두리)의 내벽에 붙여 구워낸다. 담백하면서 쫄깃한 맛이
특징이고 인도를 비롯하여 서남아시아 국가에서 사용한다.
향신료가 곁들여진 양고기나 커리 등을 싸서 먹는다.

■ 미국의 베이글(bagel) : 다이어트 식품으로 선호하는 빵으로
담한 맛이 특징이며 반을 갈라 크림치즈와 버터를 발라 먹거나
햄, 치즈, 야채 등을 넣어 먹거나 커피에 담가 먹기도 하는 주로
아침식사용 빵이다.

■ 벨기에, 미국의 와플(waffle) : 특징이 벌집 모양의 표면인
와플은 디저트나, 브런치로 인기가 높다.
벨기에식은 이스트와 달걀 흰자로 만들어 달지 않아서 와플
위에 크림이나 과일을 올려 먹기도 한다.
미국식은 베이킹 파우더를 반죽에 첨가하고 설탕을 많이
사용하여 단맛이 특징이고 시럽까지 뿌려 먹는다.

■ 중국의 화쥐안(花捲)과 유탸오(油条) : 화쥐안은 꽃빵으로
밀가루와 소금, 기름을 넣고 반죽을 한 뒤 찜통에서 쪄낸다.
중국 음식, 특히 볶은 음식을 먹을 때 자주 등장하는 밀가루
빵으로 소스에 묻혀 먹거나 볶은 음식을 올려서 먹기도 하며
면이나 밥 대신 주식으로 먹기도 한다.
유탸오는 기름과자라는 뜻으로 밀가루 반죽을 한 뒤 발효시켜
30센티 정도 길쭉한 모양으로 만들어서 기름에 바삭하게
튀겨낸다. 겉은 바삭하고 속은 부드러운 길거리 음식으로
직장인들이나 학생들이 주로 간단하게 아침을 해결하기 위해
먹는 빵이다.

▲ 벨기에 와플(waffle)

■ 호주의 미트파이(meat pie) : 페이스트리 반죽에 고기와
야채를 넣어 흥건하게 육즙이 나올 정도로 구워내는 것이
특징인 미트파이는 매일 아침 식사용으로, 야외 행사나 축제
때, 스포츠 경기를 볼 때 꼭 챙기는 인기 식품이다.

■ 네덜란드의 도넛(doughnut) : 400여 년 전 네덜란드에서
처음 만들어졌다. 밀가루 반죽을 일정 크기로 기름에 튀겨내어
기름과자라고 불리기도 했다. 지금은 전 세계인들에게
사랑받는 간단한 아침 식사, 간식용이다.

▲ 호주 미트파이(meat pie)

▲ 중동지역 피타(pita)

■ 포르투갈의 비파나 : 대중적인 샌드위치로 포르투갈식
햄버거라 불리우는 부드러운 빵에 삶은 돼지고기를 넣은 빵

■ 이집트의 아이쉬(ish) : 철판에서 구워낸 심플하면서도
곡물의 맛이 살아있는 빵. 빵의 원형이라고 할 수 있는 빵이다.

■ 중동지역의 피타(pita) : 고대 시리아에서 유래한 빵의
원형에 가까운 무발효빵. 그리스, 이스라엘, 레바논, 시리아,
요르단 지역에서는 흔한 빵으로 피타빵 혹은 피타 브레드라고
하며 터키에서는 피데 브레드(pide bread)나 피데, 그리스에서는
누타라고 부른다. 그리스어로 피타는 '주머니'라는 의미.
다양한 속재료를 넣어 먹거나 올려 먹는다. 피타는 '레바논식
저칼로리 주머니빵'으로도 알려져 있다.

〈부활절에 먹는 빵〉

■ 영국의 핫 크로스 번(hot cross buns) : 중세시대 악마를 쫓기
위해 빵 윗부분에 십자가문양을 새겨 넣은 것이 특징인
중세부터 내려온 건과일이나 향신료가 가미된 빵으로 십자가
문양에서 이름이 유래되었다고 한다.

■ 포르투갈의 포를라 데 파스코아(folar de pascoa) :
부활절에 먹는 빵으로 생명의 상징으로 달걀이 껍질체로 빵
속에 들어있다.

▲ 영국의 빵 hot cross buns

〈크리스마스에 먹는 빵〉

우리가 추석에 송편을, 설날에 떡국을 먹는다면, 서양에서는
크리스마스에 먹는 조금은 특별한 빵이 있다.

■ 독일의 슈톨렌(stollen) : 요람에 싸여있는 아기예수를 본따서
만들어졌다고 전해지는 독일의 크리스마스에 먹는 전통 빵.
오래두고 먹어도 맛있기 때문에 12월 초부터 만들어 한 조각씩
먹으면서 크리스마스를 기다린다고 한다.

■ 이탈리아의 파네토네(panettone) : 밀라노에 살던 토니라는
제빵사가 사랑하는 연인을 위해 만들어 '파네(빵)토네(달다)'
라는 이름이 붙여졌다는 크리스마스 전통 요리 빵. 특수한
발효기술로 만들어 방부제를 넣지 않아도 6-7개월 동안
상온에서 보존이 가능하다고 한다.

■ 프랑스와 오스트리아의 쿠글로프(kouglof) : '대사제의
모자'라는 의미의 쿠글로프는 빵 모양이 모자같이 생긴데서 온
이름이다. 아몬드나 건포도 등 브리오슈 반죽에 넣어 구운
크리스마스 빵이다.

■ 이탈리아의 판도로(pandoro) : '황금의 빵'이라는 별 모양의
이탈리아 베로나에서 처음 생긴 크리스마스 빵. 반죽의 색이
노랗고 달걀과 우유, 버터가 들어가 있다.

■ 프랑스의 베라베카(berawecka) : '프와르(서양배)빵'이라는
의미로 프랑스 알자스 지방의 전통적인 크리스마스 빵이다.
프와르(서양배)나 무화과 등의 건과일, 호두, 피스타치오 등의
나무 열매가 가득 들어간 빵이다.

▲ 이탈리아 판도로(pandoro)

▲ 독일 슈톨렌(stollen)　　　　　▲ 덴마크 율레스티야르네(julestijerne)

■ 덴마크의 율레스티야르네(julestijerne) : '크리스마스의
별'이라는 의미의 데니시빵. 설탕과 아몬드를 갈아만든
페이스트(마지팬)가 들어간 반죽에 리큐르에 절인 건과일을
넣어 굽는 덴마크의 크리스마스 빵이다.

■ 미국의 진저브레드(ginger Bread) : 집과 사람, 동물 모양
등으로 다양하게 꾸며진 홈메이드 쿠키로 일명 과자로 만든
집이다. 진저는 생강인데 이름 그대로 생강 맛이 더해진
쿠키다. 겨울철에 감기예방을 위해 생강을 넣은 빵을 구워
먹었는데 15세기경 케익과 쿠키로 만들어지면서
대중화되었다. 꿀을 듬뿍 넣어 달게 만드는 것은 독일식이고
당밀을 넣어 단 맛을 은근하게 내는 것이 특징인 것은
영미식이다.

유명한 떡과 한과

〈중국〉

■ 월병 : 중국의 대표적인 떡 중의 하나인 월병(月餅, yuebing)은 추석 때에 먹는 명절음식으로 중국어로는 '웨빙'이라고 한다. 월병에는 '추석날 온 가족이 모여 달 구경을 하면서 명절을 즐긴다'는 의미가 담겨 있으며, 중국 불교에서 말하는 '원만(圓滿, 순조롭고 완벽함)' 의 의미도 함께 담고 있어 가족의 원만함과 평안함을 기원하는 추석 음식으로 지금도 이어지고 있다.

■ 호떡(호병) : 우리가 흔히 길거리에서 볼 수 있는 호떡은 중국에서 전해진 떡이다. 오랑캐를 가리키는 한자인 '호(胡)'와 우리말인 '떡'이 합쳐진 이름으로 '오랑캐가 먹는 떡'이라는 뜻이다.
중국에서도 흉노족, 선비족, 돌궐족 등 중앙아시아의 오랑캐가 먹던 떡에서 유래된 '호병(胡餅)'이라는 떡이 있는데, 이 지역은 쌀보다 밀이 더 많이 생산되기 때문에 쌀 대신 밀가루로 떡을 만들어 튀겨 먹었다. 이것이 임오군란 이후 중국 상인들에 의해 우리나라로 들어오게 되면서, 설탕을 넣어 먹게 된 것이 호떡이다.

▲ 중국에서 전해진 호떡

중국 떡 이야기

중국의 떡은 한대(漢代) 이전의 문헌인 ≪주례(周禮)≫에서 그 기록을 찾아 볼 수 있을 만큼 오랜 역사를 지니고 있으나 한국과 일본의 떡의 주재료가 쌀인데 반해, 중국은 한대에 들어온 새로운 식재료인 밀의 광범위한 보급과 다양한 지역별·민족별 식문화의 차이 등으로 한국이나 일본의 떡과는 다른 모습이다. 현대의 중국에서는 쌀가루나 밀가루 외에도 다양한 곡물 가루를 이용하여 떡을 만들고 이를 병(餅, bing)이나 고(糕, gao)로 지칭하는데, 병(餅, bing)은 기름에 굽거나 지진 전병류를, 고(糕, gao)는 곡물가루로 만들어 찐 떡류를 가리킨다.

〈일본〉

일본에서는 예로부터 떡이 신비한 영적 힘을 가지고 있다고 믿어서 통과의례 음식으로 많이 이용하였는데, 한국과 같이 설날은 물론 모든 명절이나 축일에 떡을 빼놓지 않고 먹는다. 설날에는 오조우니(お雜煮,맑은국이나 된장국에 찹쌀떡 또는 말려서 구운 찹쌀떡을 넣어 먹는 것)라는 떡국을 먹고, 카가미모찌(鏡もち, 떡의 둥근 모양이 신에게 제물로 바치던 구리거울[銅鏡, 동경]과 비슷하다고 하여 붙어진 이름)라는 찹쌀떡을 신에게 바치며 복을 기원한다.

일본에서는 떡과 과자를 모두 화과자(和菓子)라고 부른다. 곡물의 가공 기술이 점차 발달하게 되면서 모찌(餅)와 단고(団子)류가 만들어지기 시작하였는데, 여기에 중국과 포르투갈·스페인·네덜란드와 같은 서양의 영향을 받아 다양한 종류의 화과자가 만들어졌다.

화과자는 수분 함량에 따라 수분함량 20% 미만인 건과자(干菓子, 히가시), 수분함량이 20~40%인 반생과자(半生菓子, 한나마가시), 수분함량이 40% 이상인 생과자(生菓子, 나마가시)로 나뉘며, 수분함량이 높은 생과자가 우리의 떡과 같은 형태이다. 한국의 찹쌀떡과 비슷한 모찌(餅飯, もち)나 찹쌀가루 반죽에 팥을 넣고 찐 다이후쿠(大福, だいふく), 단고 등이 생과자이고, 팥앙금으로 만든 양갱(羊羹, ようかん)과 콩가루에 설탕과 물엿을 섞어 동그랗게 만든 스하마(すはま), 모나카(最中, もなか) 등이 반생과자이며, 쌀강정인 오꼬시(おこし)나 전병인 센베이(せんべい), 곡물 가루에 전분·설탕·물엿 등을 섞어 틀에 넣고 모양을 만든 후에 건조시킨 라쿠간(落雁, らくがん) 등이 건과자에 속한다.

▲ 일본 화과자

〈한국의 유명한 떡과 한과〉

　떡이라고 하면 요즈음 예쁘게 진열된 떡케익점과 떡카페를
생각하지만 실상은 더 가깝게 떡을 접하고 있다. 설날이면 먹는
떡국 떡이 그것이다. 흔히 가래떡이라고 하는 것.
　떡방앗간도 쉽게 볼 수 없는 현실이지만 가래떡만큼은 한번쯤
조청에 찍어 먹어본 경험이 있을 것이다. 그렇다면 우리나라의
유명한 떡과 한과에는 어떤 것들이 있을까?

　■ 송편 : 반달모양의 떡에 소나무 잎을 넣어 만들어 송병(松餠,
소나무'송' 떡'병')이라고 불리웠다. 햅쌀로 빚은 송편을
'오려송편'이라 하여 추석 때 차례상에 올렸다.
동국세시에 보면 2월 초하루 중화절(노비일)에 농사일이
시작되므로 노비들에게 나이 숫자대로 송편을 주어서 사기를
북돋아 주었다는 '노비송편'의 유래가 있다.
해방이후 중부지방에서 주로 먹던 송편이 전국에 알려지면서
한민족공통의 추석음식이 되었다고 한다.
예전에는 삼색송편이라고 하여 치자, 쑥, 송기, 오미자즙,
포도즙 등을 이용해 색을 내었는데 여기에 더하여 최근에는
흑미와 자색고구마, 단호박, 복분자 등 천연색소를 이용해 색을
낸 송편들로 추석 때만이 아니라 사시사철 웰빙음식으로도
인기가 높다.
송편의 속재료(소)는 보통 밤, 팥, 콩, 깨 등을 사용하며
제사용으로 많이 이용되는 흰송편, 단호박으로 노랗게 색을 낸
호박송편, 콩을 넣어 반죽하여 주먹을 쥔 모양으로 빚어낸
주먹송편, 쑥향기가 좋은 쑥송편, 몸에 좋은 복분자송편 등이
있다.

각 지역별 특이한 송편

■ 강원도 : 감자를 갈아서
만든 앙금과 건지를 섞어
반죽한 후 팥이나 강낭콩
으로 소를 넣어 만드는 감
자송편

■ 전라도 : 장식용 떡으로
매화꽃송편이라고도 하며,
치자, 쑥, 송기, 포도즙, 오
미자즙 등을 이용해 오색으
로 색으로 내어 빚고 송편
위에 꽃 장식을 빚어 올리
는 꽃송편

■ 제주도 : 완두콩으로 소
를 넣은 후 비행접시 모양
으로 빚어내는 완두콩송편

■ 충청도 : 말린 호박으로
가루를 내어 노란색의 호박
송편

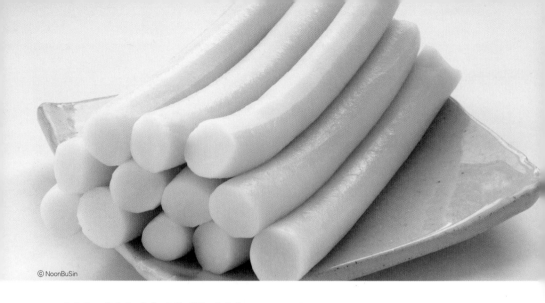

© NoonBuSin

■ 가래떡 : 멥쌀을 쪄서 길게 만든 떡이다.
≪동국세시기(東國歲時記)≫에는 가래떡을 흰떡을 뜻하는
백병(白餠)이라 하여 세찬에 없어서는 안 되는 음식으로
보았으며 정월 초하루에 가래떡으로 떡국[병탕(餠湯) 또는
탕병(湯餠)이라 함]을 만들어 먹었다.

■ 약식 : 음력 1월 15일 정월 대보름에 먹는 절기식. 꿀이
들어가서 붙은 이름이 '약식'이다. 찹쌀을 원료로 건강에 좋은
밤, 대추, 잣, 꿀 등을 넣고 만들어서 '약'이 되는 음식이라는
뜻도 있다.

■ 경단 : 찹쌀가루를 끓는 물에 반죽하여 밤톨만큼씩 둥글게
빚어 다시 끓는 물에 삶아내어 여러 가지 고물을 묻혀 만든 떡.
백일이나 돌 등 어린아이의 생일상에 오르는 찰수수경단에는
악귀를 물리친다는 의미로 붉은 팥고물을 입힌다.

■ 두텁떡 : 부드러운 팥고물과 유자향이 일품인데 옛날
궁중에서 임금님 생신날에만 상에 올랐다는 귀한 떡으로
산처럼 봉긋하게 솟았다 해서 봉우리 떡이라고도 했다.

■ 무지개떡 : 어린아이 생일떡으로 애용되었던 무지개떡은
귀한 잔치 때 찌던 떡으로 색편 혹은 오색떡이라고 한다.
계피향이 은은하여 어른들도 좋아하는 이 떡은 무지개처럼

대표적인 계절 떡

봄-쑥떡, 여름-수리취떡,
가을-모시잎떡

© sungsu han

색이 곱다고하여 무지개떡이라고 하는데 실제로는 오색으로 만든다. 이때 오색은 오행의 의미로 동쪽은 그린색, 서쪽은 흰색, 남쪽은 핑크색, 북쪽은 검정색, 우주를 뜻하는 중앙은 노란색으로 만들어 어린아이의 생일잔치에 이 떡을 해서주면 커가는 아이에게 큰 우주를 안겨준다는 의미가 들어있다고 한다.

■ 모시떡(모시잎떡, 모싯잎떡, 모싯잎갠떡) : 제철이 아니면 맛 볼 수 없는 귀한 가을떡으로 식이섬유소가 많아 지방의 흡수를 막아주고 변비예방과 다이어트에 좋으며 칼슘이 풍부하여 골다공증 예방과 치매, 노화방지에도 좋다. 한방에서는 여성의 하혈에 지혈제로도 쓰인다고 한다.

떡 색깔 오색내기

녹색-쑥가루, 흰색-물, 분홍색-체리물, 검정색-계피가루, 노란색-호박가루

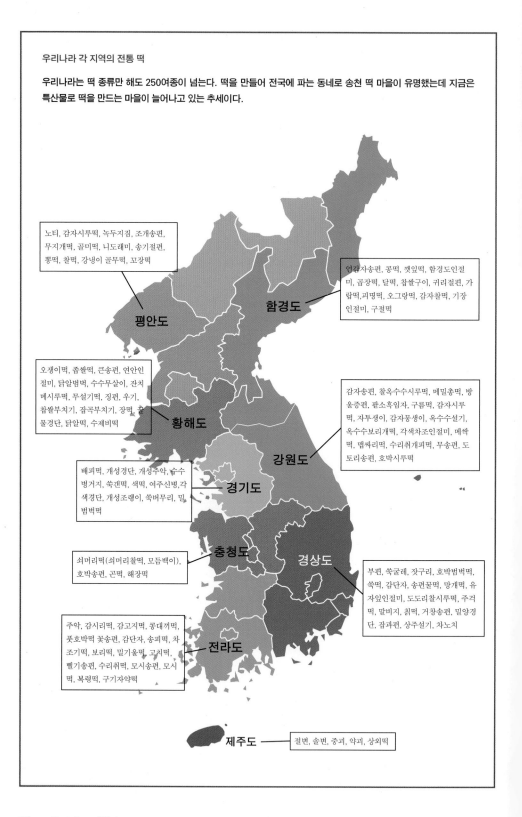

우리나라 각 지역의 전통 떡

우리나라는 떡 종류만 해도 250여종이 넘는다. 떡을 만들어 전국에 파는 동네로 송천 떡 마을이 유명했는데 지금은
특산물로 떡을 만드는 마을이 늘어나고 있는 추세이다.

노티, 감자시루떡, 녹두지짐, 조개송편,
무지개떡, 골미떡, 니도래미, 송기절편,
뽕떡, 찰떡, 강냉이 골무떡, 꼬장떡

평안도

언감자송편, 콩떡, 깻잎떡, 함경도인절
미, 곱장떡, 달떡, 찹쌀구이, 귀리절편, 가
랍떡,괴명떡, 오그랑떡, 감자찰떡, 기장
인절미, 구절떡

함경도

오쟁이떡, 좁쌀떡, 큰송편, 연안인
절미, 닭알범벅, 수수무살이, 잔치
메시루떡, 무설기떡, 징편, 우기,
찹쌀부치기, 잡곡부치기, 장떡, 찰
물경단, 닭알떡, 수제비떡

황해도

감자송편, 찰옥수수시루떡, 메밀총떡, 방
울증편, 팥소흑임자, 구름떡, 감자시루
떡, 자투생이, 감자몽생이, 옥수수설기,
옥수수보리개떡, 각색차조인절미, 메싹
떡, 맵싸리떡, 수리취개피떡, 무송편, 도
토리송편, 호박시루떡

강원도

배피떡, 개성경단, 개성주악, 수수
벙거지, 쑥갠떡, 색떡, 여주신병,각
색경단, 개성조랭이, 쑥버무리, 밀
범떡

경기도

쇠머리떡(쇠머리찰떡, 모듬백이),
호박송편, 곤떡, 해장떡

충청도

경상도

부편, 쑥굴레, 잣구리, 호박범벅떡,
쑥떡, 감단자, 송편꿀떡, 망개떡, 유
자잎인절미, 도토리찰시루떡, 주걱
떡, 말비지, 칡떡, 거창송편, 밀양경
단, 잡과편, 상주설기, 차노치

주악, 감시리떡, 감고지떡, 콩대끼떡,
풋호박떡 꽃송편, 감단자, 송피떡, 차
조기떡, 보리떡, 밀기울떡, 고치떡,
빼기송편, 수리취떡, 모시송편, 모시
떡, 복령떡, 구기자약떡

전라도

제주도   절변, 솔변, 중괴, 약괴, 상외떡

우리나라 각 지역의 전통 한과

*함경도 태석: 볶아서 빻은 좁쌀가루에 옥수수조청을 부어 반죽해서 한 주걱씩 떼어 좁쌀가루고물을 묻힌 함경도의 독특한 엿

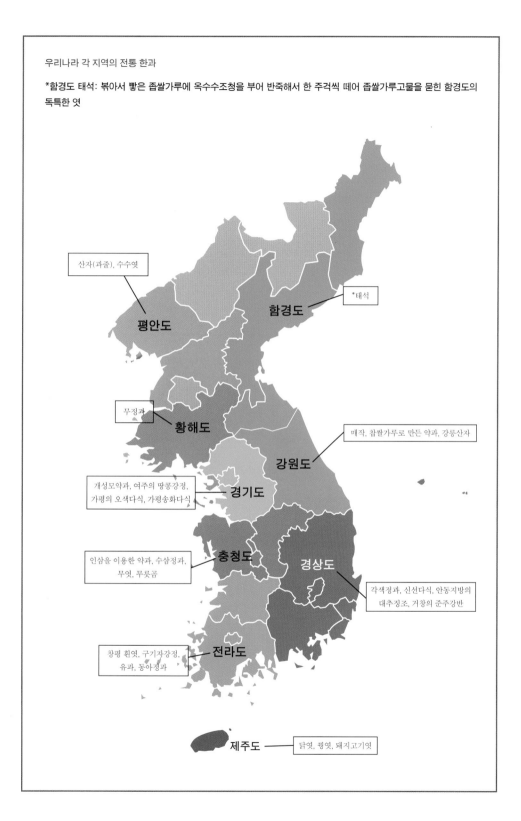

산자(과줄), 수수엿

평안도

함경도

*태석

무정과

황해도

매작, 찹쌀가루로 만든 약과, 강릉산자

강원도

개성모약과, 여주의 땅콩강정,
가평의 오색다식, 가평송화다식

경기도

인삼을 이용한 약과, 수삼정과,
무엿, 무릇곰

충청도

경상도

각색정과, 신선다식, 안동지방의
대추징조, 거창의 준주강반

창평 흰엿, 구기자강정,
유과, 동아정과

전라도

닭엿, 꿩엿, 돼지고기엿

제주도

음력 6월 15일, 명절의 하나인 유두(流頭)절 이야기

음력 6월 보름날을 유둣날이라고 한다. 이날은 일가친지들이 맑은 시내나 산간폭포에 가서 머리를 감고 몸을 씻은 뒤, 가지고 간 음식을 먹으면서 서늘하게 하루를 지내는 것으로 유두잔치라고 하는데, 이렇게 하면 여름에 질병을 물리치고 더위를 먹지 않는다고 하였다.

이 풍속은 신라 때부터 있었던 것으로 파악되는데, '6월 15일 동류수(東流水)에 머리를 감아 액을 떨어버리고, 술 마시고 놀면서 유두잔치를 한다.'고 기록되어 있다. 동류수에 머리를 감는 것은 동쪽이 청(靑)이며, 양기가 가장 왕성한 곳이라 믿었기 때문이다.

일반적으로 '유두'란 동쪽으로 흐르는 물에 머리를 감고 목욕을 한다는 '동류수두목욕(東流水頭沐浴)'의 준말에서 생긴 것으로 여겨지고 있으며, 소두(梳頭) · 수두(水頭)라고도 표기하였는데, 수두란 물마리(마리는 '머리'의 옛말)로서 '물맞이'라는 뜻이다. 오늘날에도 신라의 옛 땅인 경상도 지방에서는 유두를 '물맞이'라고 부른다고 한다.

이날 아침 각 가정에서는 유두면 · 밀전병 · 수단(水團) · 건단(乾團), 그리고 피 · 조 · 벼 · 콩 등 여러 가지 곡식을 새로 나온 과일과 같이 사당에 차려놓고 고사를 지내는데 이를 유두천신(流頭薦新)이라고 하며, 농가에서는 연중 농사가 잘 되게 해달라고 농신(農神)에게도 고사를 지낸다. 이 때 사당에 올리는 벼 · 콩 · 조를 각각 유두벼 · 유두콩 · 유두조라고 한다.

고사를 지내고 난 후에는 한집안 식구가 단란하게 유두면 · 수단 · 건단 · 상화병(霜花餅) 등 여러 가지 음식을 나누어 먹는다.

특히 밀가루로 만드는 유두면은 참밀의 누룩으로 만들 경우 유두국(流頭麴)이라고도 하였는데, 구슬 같은 모양으로 만들어 오색으로 물들인 뒤 세 개씩 포개어 색실에 꿰어 몸에 차거나 문에 매달면 재앙을 막는다고 하였다. 그리고 유두날 탁족놀이도 즐기는데, 이 역시 단순히 발을 씻는 것이 아니라 몸과 마음을 정화한다는 의미가 있다.

이처럼 유두절은 물과 관련이 깊은 명절이다. 물은 나쁜 것을 씻어내는 의미를 지닌 것으로 새로운 과일이 나고 곡식이 익어갈 즈음에 몸을 깨끗이 하고 조상과 농신에게 정갈한 음식물로 제를 지내며 안녕과 풍년을 기원하는, 우리 민족의 오랜 풍속 중의 하나이다.

국내 제과 · 제빵 · 떡 시장

제과 · 제빵원의 인력수급을 보면 2010년에는 3만 6천여 명, 2015년에는 3만 8천여 명에서 2022년에는 4만 5천여 명으로 늘어날 것으로 예상된다. 왜냐하면 서구화된 식습관으로 쌀 소비량은 감소하는 반면, 빵 소비량은 지속적으로 늘고 있고, 이제는 거의가 맞벌이 가정이어서 식사대용으로 빵을 먹는 사람이 많아지면서 빵을 주식으로 생각하는 사람들이 늘어나고 있다.

특히 공장에서 '대량으로 생산해내는 빵'이 아닌, '갓 구워낸 빵'을 선호하는 사람들이 늘어나면서 대형마트나 백화점, 카페 등 지역 곳곳에 다양한 형태의 제과점이 입점되어 있다. 이러한 빵의 소비 증가와 기존 빵집 외에 다양한 경로로 빵을 판매하고

있다는 점은 향후 제과제빵사의 고용을 증가시키는 데 긍정적인
영향을 미칠 것이다.

그리고 서양이나 일본에서처럼 제과 제빵을 함께 파는 기존의
제과점에서 특화된 제과·제빵 분야 즉 케이크 전문점, 샌드위치
전문점, 초콜릿 전문점, 도넛 전문점, 파이 전문점처럼
전문매장이 생기면서 제과제빵사의 활동 영역도 다양화되고
있어 영역별로도 전문성을 더욱 필요로 할 것으로 보인다.

통계청의 전국 사업체조사 자료를 보면, 제과점 업체 수와
종사자 수는 2006년 이후 11년간 약 3배 가량 증가한 것으로
나타나 전체 제과점 업체 수와 종사자 수가 매년 꾸준히 증가하고
있는 것을 볼 수 있다

주변을 둘러보면 밀가루, 설탕 등의 재료값 인상, 인건비 상승
등 여러 가지 이유로 경쟁력을 잃어가면서 소규모의 '동네빵집'은
크게 줄어들었다. 여기에 늘어나는 프랜차이즈 제과점의
체인점도 소규모 빵집이 줄어드는데 큰 영향이 끼쳤다.

중소기업청의 동네빵집 실태조사(2012년 3월)에 따르면,
동네빵집 수는 2007년 8,034개에서 2011년 5,184개 점포로
4년간 34% 감소하였고, 동네빵집의 월 매출액도 1,554만원으로
대기업 프랜차이즈 제과점의 32% 수준에 불과한 것으로
나타났다.

그렇지만 중소기업청이 동네빵집 활성화 방안을 논의하는
간담회를 열어 (사)대한제과협회 차원의 자구노력을 유도하고,
적극적인 정책적 지원을 하기로 하는 등 골목상권 보호 등의 정부
정책 지원에 힘입어 조금씩 호전되었다.

소규모 업체는 상대적으로 열악한 근무 조건 때문에 이직 및
전직하는 사람이 많아 이로 인한 유동적 고용 기회가 있지만
안정적이지 못하다는 문제가 있다.

취업을 희망하는 제과제빵사는 상대적으로 복리후생 수준이
높은 프랜차이즈 업체를 선호할 경향이 있어 소규모 빵집보다

대규모 프랜차이즈 제과점의 체인점을 중심으로 제과제빵업이
형성될 가능성이 크다고 할 수 있다.

하지만 소규모 제과점 중에는 기존의 '동네빵집' 이미지를 벗고
고급화 전략으로 경쟁력을 높이거나 새로운 메뉴 개발을 통해
프랜차이즈 브랜드와 차별화를 꾀하는 곳도 많다.

따라서 창업을 염두에 둔 제과제빵사는 꼼꼼한 준비가
필요하다.

최근에는 제과점에서 커피도 함께 판매하는 경우가 많기
때문에 원두커피 추출에 대해 기술을 익혀두는 것도 좋다.

〈제과점업 업체 및 종사자 수 현황〉

연도	사업체 수			종사자 수
	총계	1~4명	5명 이상	
2019년	21,470개	15,822개	5,648개	79,871명
2018년	19,390개	13,888개	5,502개	75,988명
2015년	16,496개	11,306개	5,190개	68,274명
2010년	13,883개	10,846개	3,037개	52,008명
2008년	12,513개	9,946개	2,567개	43,688명
2006년	6,462개	5,330개	1,132개	21,396명

제과·제빵·떡 소비 상황과 미래 전망

〈소비 상황의 시대적 변천〉

식품의 소비경향을 살펴보면 1970년대 이전의 경우에는
양적인 면에 기준을 두었다면, 1970-80년대에는 질적인 면, 즉
영양에 기준을 두었으며, 1990년대에는 식품의 기능적인 면에
기준을 두었다.

그러나 2000년대 이후에는 경제적·사회적 여건의 변화 등으로
인해 식품의 건강 지향적인 면과 동시에 편의적인 면이 강조되고
있으며 웰빙의 주요 수단으로 인식되고 있다.

〈미래 전망〉

1970년부터 빵을 만들 때 영양과 경제적 측면을 감안하여 쌀,
보리, 옥수수 등을 부재료로 사용하여 왔는데 현재에는 웰빙의
일환으로 기존의 재료보다는 기능성이 첨가된 부재료를 첨가한
건강지향적인 빵이나 떡의 수요가 증가하고 있는 추세이다.

우리나라 사람에게 부족되기 쉬운 식이섬유를 이용한
고식이섬유빵, 사과섬유소 첨가식빵, 보리가루 첨가 식빵 등에
관한 연구가 있으며, 기능성 식품 중에서도 건강 유지를 위한
것으로 솔잎추출물을 이용한 식빵, 가루녹차 첨가식빵, 클로렐라
빵, 허브빵, 알긴산 첨가빵 등의 다양한 기능성 식빵에 관한
연구가 진행되고 있다.

또한 우리나라 사람들의 식생활문화가 점차 서구화 되어감에
따라, 증가하는 각종 성인병의 예방과 퇴치를 취해
자연건강식품과 기능성을 갖는 식품에 대한 관심이 고조되고
있다. 인간의 원초적 본능인 장수의 욕구를 뿌리칠 수 없기
때문이다.

따라서 점차 소비자들의 욕구는 기능화, 다양화 될 것으로
보인다.

제과·제빵·떡 산업의 여성 인력

여성종사자가 남성종사자보다는 적은 것은 무거운 식재료 포대를 직접 운반해야 하고, 빵을 반죽하고 장식하는 동안 계속 서서 작업하는 등 육체적으로 상당한 에너지가 요구되는데다 근무시간도 일정하지 않고 주말이나 크리스마스와 같은 성수기에는 밤늦게까지 근무하는 등 근로 조건이 열악하기 때문이다. 또한 체력적인 면에서 남성들도 쉽게 피로를 느낄 수 있는데 여성에게는 더 부담이 되는 것이 사실이고 아울러 보수 역시 남녀 간에 차등이 있어서 현재 전체 제과·제빵떡업에 종사하는 사람들 중에서 남성은 61%, 여성은 39%로 남성 종사자들이 많다. 하지만 여성 종사자들의 수가 조금씩 늘어나고 있는 상황이다.

체력적인 면에서는 남성보다는 열세일지 모르지만 섬세함에 있어서는 여성 종사자가 더 우세하다. 개인 주문에 의한 맞춤 케이크를 만드는 경우 고객이 희망하는 모양장식을 하거나 이름, 축하 메시지를 케이크에 장식하기도 하는데 많은 시간이 걸린다. 이는 빵과 과자가 미각뿐만 아니라 시각적인 것도 충족해야 하므로 맛있어 보이고 예쁘게 만드는 일도 중요하기 때문이다. 그래서 제과 제빵에 있어서 모양과 색깔은 아주 중요한 작업 분야가 되었으며 이때 아무래도 감각적인 면과 세심한 면에서 여성이 더 유리할 수 있다.

또한 다 만들어진 완성제품은 포장 후에 매장에 진열하고 남은 재료는 잘 보관하며 오븐이나 주방기구 등을 청결하게 유지하기 위해 청소 및 세척작업을 해야 하고 고객관리와 손님들을 맞이 해야 하는데 이 경우에도 남성보다는 여성이 일반적으로 더 적합하다고 할 수 있다.

Part Two

Who & What

효모의 발견과 응용 = 제과 · 제빵 기술의 발전

밥을 어느 가정에서나 다 만들 수 있지만 식당이 있듯이,
빵이나 과자도 가정에서 만들 수 있지만 이 역시 전문 가게가
있다. 그래서 취미로 만들거나 자기 식구가 먹기 위해서 만드는
과자나 빵에 대해서는 여기에서 이야기 하지 않기로 한다.
　이 책에서는 상업적인 목적을 가진 직업으로서의
제과제빵만을 대상으로 설명할 것이다.
　물론 가정에서의 제조 방법이나 전문적인 제조 방법이 크게
다르지는 않겠지만 직업으로서의 경우를 다룬다면 조금씩
차이가 있을 수 있을 것이다.
　이러한 차이점 중에서 가장 큰 것은 무엇보다도 대량 생산일
것이다. 집에서 식구들을 위하여 조금 만드는 것이 아니고

손님들을 대상으로 일정한 수량 이상을 만들어야 하고 또한
이윤을 남겨야 하기 때문에 가정에서처럼 값비싼 좋은 재료만을
사용하여 만들 수 없다는 것이다. 오직 맛과 영양만을 위하여
만드는 것이 아니고 이윤이라는 경제성의 원칙 속에서
계산적으로 만들어야 하는 것이 다르다. 그리고 같은 종류의
상품은 어제도 오늘도 그리고 내일도 일정 기간 동안은 계속
만들어야 하고 동시에 품질의 동일성을 유지해야 하는 것 역시
직업 제과·제빵업에서는 반드시 지켜야 할 필요한 사항이다.

인류의 음식 문화 발전에 획기적인 분수령이 있으니 바로
효모의 발견일 것이다. 효모는 음식의 다양한 분야에 응용되지만
제과와 제빵 뿐 만아니라 떡과 한과에도 활용되고 있다.

효모는 음식의 소화를 돕지만 음식의 성분을 인체에 유익하게
변형시키기도 한다.

효모의 발견으로 인하여 우리 인간은 새로운 음식 문화의
단계로 접어들어 오늘날의 건강식으로 이어진다고 할 수 있다.

보통 빵을 만들 때 이용하는 이스트는 세계 제1차 대전 무렵
독일에서 개발된 것으로 그 이전까지는 각각의 나라마다 각
토지의 기후 풍토에 적합한 과일이나 식물에 자생하는 효모를
이용하여 천연발효종을 이용해서 빵을 만들었다.

이렇게 천연효모를 이용한 빵을 만들어 먹다가 세계대전으로
식량난이 가중되자 단풍에서 추출한 당분과 생화학물질을
배양기에 넣어 공업적으로 이스트(Yeast, 효모)를 만들기 시작했다.
이후 이스트는 발효력이 강하고 단시간에 대량의 빵을 팽창시킬
수 있는 장점이 있어 기계 제빵법의 보급과 함께 전 세계에 빠른
속도로 퍼지게 되었다.

요즈음 웰빙 붐과 함께 천연 과일과 채소를 곁들인 생과일
아이스크림점이 생기나 인기를 얻고 있듯이 제빵업계에서도
다시 이스트 이전의 천연효모를 이용한 천연발효빵에 대한
관심이 높아졌다.

효모는 무엇일까?

효모는 단세포 팡이류로서
당분을 먹고 알코올과 이
산화탄소를 배출한다. 그
래서, 술을 만들거나 반죽
을 부풀리는데 사용하는
데 빵의 경우 밀가루 반죽
을 발효시킬 때 나오는 알
코올은 반죽을 익힐 때 없
어진다.

아주 오랜 옛날부터 효모를
사용해 왔으며 오늘날에는
산업용으로 효모를 배양·
제조하여 녹말이나 옥수수
가루를 섞어 사용하기 편리
한 형태로 만들어 판매한
다.

이는 건강이 식생활에 영향을 미치고 있는 대표적 사례 중
하나라고 할 수 있는 데 최근 길거리음식이라고 할 수 있는
포장마차에서 파는 일종의 군것질 먹거리에서도 선식 호떡, 씨앗
호떡과 같은 이름을 내걸고 건강에 좋은 갖은 곡류를 가미한
호떡을 팔아 인기를 끌고 있다.

각 나라의 천연발효종

- 러시아 : 적송 잎을 담궈 만든 도로지종

- 프랑스 : 포도나 프럼을 사용하여 만든 과실종

- 독일 : 호밀로 만든 샤와종

- 북유럽 : 감자나 맥주 효모를 사용한 호프종

- 중국 : 밀가루와 물로 만든 노면(老麵)

- 일본 : 미곡(米곡)으로 만든 주종(酒種)

제과·제빵의 제조 과정

 과자와 빵은 그 제조 방법에 따라 만드는 과정이 다른 것은
물론이고 걸리는 시간이나 보존 기간 등에 차이가 날 수도 있다.

1. 스트레이트 반죽법(Straight Dough Method)

계량(배합표 작성) –> 반죽(믹싱) –> 1차 발효 –> 분할
–> 둥글리기 –> 중간 발효 –> 가스빼기 –> 정형(성형)
–> 팬닝 –> 2차 발효 –> 굽기 –> 냉각 –> 포장

 주재료에 부재료를 한꺼번에 같이 넣고 반죽하는 방법으로
소규모 제과점에서 주로 사용하는 제조 방법으로 '직접
반죽법'이라고 한다.
 이 제조법의 장점은 만드는 시간과 노동력, 전력, 발효 등에
있어서 손실을 최소화 할 수 있다는 점과 흡수율이 좋다는
점이다. 단점은 내구성이 없고 반죽을 잘못했을 경우 해결 방법이
없다는 점과 완성 제품의 보존 기간이 짧다는 점이 있다.

용어 설명

■ 분할이란 발효된 반죽을 미리 정한 무게로 나누는 과정

■ 둥글리기란 분할한 반죽을 공 모양 또는 막대 모양으로 만드는 과정

■ 정형이란 빵 모양을 만드는 공정으로 반죽을 틀에 넣기 전이나 팬에
놓기 전 상태를 말한다.

■ 팬닝이란 정형이 완료된 반죽을 팬에 채우거나 나열하는 공정으로 팬
넣기라고도 한다.

■ 발효 손실이란 발효 중 수분의 증발과 탄수화물의 발효로 인하여 반
죽 전체의 무게가 줄어드는 것을 말함

2. 스펀지 반죽법(Sponge Dough Method)

계량 -> 중간 반죽 만들기 -> 1차 발효 -> 본 반죽 만들기 -> 플로어 타임 -> 분할 -> 둥글리기 -> 중간 발효 -> 가스빼기 -> 정형 -> 팬닝 -> 2차 발효 -> 굽기 -> 냉각 -> 포장

　1950년대 미국에서 시작된 제조 방법인데 밀가루의 일부와 이스트, 물, 기타 부 원료를 넣고 중간 반죽(sponge)을 만들어 최저 2시간 이상 발효시킨 후 나머지 부 원료를 넣고 믹싱하여 본 반죽을 만드는 제조법이다.
　이 제법의 장점은 잘못된 공정을 수정할 기회가 있다는 것, 이스트의 사용량을 20% 가량 줄일 수 있다는 점, 발효 정도가 커서 빵의 조직과 속결 부피가 좋다는 점이다.
　그러나 단점은 시간이 길고 동력비가 많이 든다는 것과 발효 손실이 크다는 점이다.

© Africa Studio

떡의 제조 과정

1. 시루떡 만들기

시루나 나무틀을 이용한 일반적인 떡 제조 과정으로 보통 백설기, 시루떡을 만들 때 사용하는 방법이다.

요즈음은 방앗간을 보기가 쉽지는 않지만 방앗간에서 쌀을 빻을 때 소금을 넣어 달라고 하면 적당하게 넣어주어 편하다. 그런데 일반적으로 떡을 만들 경우에는 예전처럼 방앗간을 가지 않아도 곡식을 가루로 만드는 제분기가 있어서 손쉽게 쌀가루를 얻을 수 있다.

백설기를 만들 때에는 고물 없이 재료를 한꺼번에 안치면 된다.

멥쌀 씻기 -> 물에 불리기 -> 물기를 뺀 후 소금을 첨가하여 빻기(가루내기) -> 쌀가루에 물을 조금 넣고 잘 섞기 -> 중간채로 한번 내리고 설탕 섞기 -> 나무틀이나 시루에 1/2 정도 재료(가루) 안치기 -> 팥이나 넣고 싶은 고물 깔기 -> 남은 재료(가루) 1/2 올리기 -> 끓는 물 솥에 올려 찌기 -> 뜸들이기 -> 한 김 나간 후 자르기 또는 장식이나 포장하여 내기

2. 절편 만들기

멥쌀 씻기 -> 물에 불리기 -> 물기를 뺀 후 빻기(가루내기) -> 물을 조금 섞어 체로 내리기 -> 쌀가루를 시루에 담고 김이 오른 찜통에서 찌기 -> 쫀득해질 때까지 치대거나 치기 -> 길게 늘여 누르기 -> 적당한 크기로 썰기 -> 떡살로 모양찍기 -> 장식이나 포장하여 내기

3. 인절미 만들기

찹쌀 씻기 —> 물에 불리기 —> 찹쌀 찌기 —> 찹쌀밥을 절구나 떡메로 치기 —> 콩고물을 넓게 펴고 찹쌀떡을 넓적하게 펴기 —> 위에 콩고물을 뿌리기 —> 적당한 크기로 자르기 —> 고물을 골고루 묻혀 내기

4. 송편 만들기

멥쌀 씻기 —> 물에 불리기 —> 물기를 뺀 후 빻기(가루내기) —> 익반죽 하기 —> 치대기 —> 적당한 크기로 떼어 둥글게 펴기 —> 팥이나 고물 소 넣기 —> 송편 모양 만들기 —> 시루에 솔잎을 깔고 송편 찌기 —> 장식이나 포장하여 내기

이상은 우리나라 떡을 만드는 기본적인 방법이다. 따라서 다양한 재료를 첨가하여 여러 가지 떡을 만들 수 있다.

예를 들어 쑥떡을 만들 경우에는 절편을 만드는 방식으로 만드는데 이 때 쌀 빻기 과정에서 뜨거운 물에 살짝 데친 쑥을 함께 넣어 가루로 빻아 떡을 만들면 된다. 다만 절편을 짜르는 것처럼 잘라도 되지만 원하는 형태로 잘라 만들어도 된다.

모시떡은 송편을 만드는 방법으로 만들데 역시 쌀 빻기 과정에서 삶은 연한 모시풀을 첨가하여 송편 만들기 방식으로 만들면 된다.

또 절편 만들기 방식으로 떡을 만든 다음에 떡을 넓고 얇게 펴고 소를 올려놓은 뒤 이를 덮은 채로 컵이나 둥근 틀을 이용하여 반달 모양으로 잘라내면 바람떡이 된다.

절편을 만들 때 각가 색깔을 내어 합치면 무지개떡이 된다.

용어 설명

■ 익반죽 : 가루에 뜨거운 물을 살짝살짝 부어 가며 하는 반죽

■ 소 : 송편과 같은 떡 속에 넣는 재료를 말하는데 밤, 팥, 콩, 깨, 설탕 등등을 사용한다.

이처럼 떡을 만드는 기본 방법을 중심으로 사용하는 재료나
장식에 따라 많은 떡을 만들 수가 있다. 하지만 우리나라 떡
만드는 방법을 자세히 살펴보면 몇 가지 기술로 요약할 수 있다.

■ 쌀 씻기와 불리기
쌀가루를 만들기 전에 딱딱한 쌀을 물에 씻고 불려서 빻기
쉽도록 한다.

■ 쌀 빻기
보통 대다수의 떡은 모양을 만들거나 찌기 전에 빻아 쌀가루의
형태로 만든다. 다만 인절미의 경우에는 빻지 않고 그냥
고두밥으로 찐다.

■ 물을 조금 섞어 체에 내리기
쌀가루를 효율적으로 찌기 위하여 물을 조금 섞은 다음 엉키지
않도록 중간체로 내린다.

■ 반죽하기
반죽은 송편이나 경단과 같이 빚어서 찌거나 삶는 떡, 화전이나
부꾸미 같이 기름에 지지는 떡을 만들 때에만 필요한 과정이다.
쌀의 단백질은 밀의 단백질과 달리 점성이 크지 않아 물과
반죽해도 끈기가 없다. 이 때문에 쌀가루로 반죽할 때에는
찬물보다는 뜨거운 물에 익반죽하면 반죽에 끈기가 생겨
모양을 만들기가 쉬워진다.

■ 부재료 첨가
대추·잣·녹두·콩·팥·깨 등의 부재료를 고물로 하여 쌀가루
사이에 켜켜로 안치거나, 경단이나 단자처럼 옷을 입히거나,
송편이나 부꾸미처럼 소로 채우는 것이다.

© sungsu han

떡에 부재료를 넣는 것은 쌀가루에 부족한 영양소를 채워주고
특별한 맛을 내기 위한 것도 있지만 쌀가루 사이에 층을 만들어
그 사이로 수증기가 스며들어 떡이 잘 익도록 하기 위해서이다.
찹쌀가루로 찌는 떡을 만들 때에는 켜를 얇게 하고 사이사이에
고물을 깔아야 떡이 잘 쪄진다. 쑥과 같이 봄이 지나면 구하기
어려운 부재료는 데쳐서 냉동하거나 말려서 가루 형태로
보관하여 사용하기도 한다.

■ 치기
인절미나 절편과 같이 치는 떡을 만들 때에는 쌀가루를 찐 후에
절구나 떡메로 쌀알이 뭉쳐져 쫄깃쫄깃 찰기가 있고 표면이
매끄러워질 때까지 쳐야 한다.

■ 찌기
시루에 천을 깔고 쌀가루를 안친 후에 시루를 물을 끓이는 솥
위에 얹어 쪘지만 요즈음에는 찜통으로 찐다. 옛날에는 시루와
솥 사이에서 김이 새어나가지 못하도록 쌀가루 반죽으로
이음새를 메꾸었다.

한과 제조 과정

1. 약과 만들기

집청꿀 만들기 ─> 밀가루에 소금, 후추, 계피 가루 섞어
체 내리기 ─> 밀가루에 참기름을 조금씩 넣고 골고루 비
벼 체 내리기 ─> 반죽하기(꿀, 청주, 생강즙) ─> 반죽을 밀
대로 평평하게 밀기 ─> 모양내어 짜르기 ─> 1차 튀기기
─> 2차 튀기기 ─> 건져 기름 빼기 ─> 집청꿀에 재우기
─> 건조시키기 ─> 장식이나 포장하여 내기

집청꿀 만들기

설탕과 물을 중간 불에 올
려 젓지 않고 끓인다. 설탕
이 녹으면 물엿을 넣고 끓
인 다음 식혀서 계피가루
를 넣고 섞어준다.

2. 도라지 정과 만들기

도라지 껍질 벗기기 ─> 소금물에 씻기 ─> 끓는 물에 데친
후 찬물에 헹구기 ─> 설탕과 소금을 넣은 물에 삼기 ─>
끓기 시작할 때 물엿을 넣고 졸이기 ─> 꿀 넣어 졸이기
─> 건조시키기 ─> 설탕 뿌려 장식이나 포장하여 내기

3. 다식 만들기

흑임자 가루 만들기 또는 익힌 밤을 껍질을 벗기고 절구
로 찧어 으깬 뒤 체로 쳐 가루 만들기 ─> 가루와 꿀의 비
율이 6:1 정도로 꿀 넣기 ─> 골고루 반죽하기 ─> 다식
판으로 모양 만들기 ─> 장식이나 포장하여 내기

　이 외에 팥, 녹두, 오미자, 깨 등의 재료도 가루를 내어 위에
같은 방법으로 다식을 만든다.

4. 매작과 만들기

　마치 매화나무에 참새가 앉은 모양과 같다고 하여 이름 붙여진
우리 전통과자인 매작과(타래과자)는 밀가루에 여러 가지
천연재료를 섞어 다양한 색깔과 모양을 만들 수 있는데 기름에
튀겨 고소하고 바삭바삭하다. 매작과를 만드는 제조과정으로
한과 제작과정을 살펴보면 다음과 같다.

밀가루에 소금과 생강 가루, 백년초 가루를 넣어 체에 내리기 -> 백년초 가루로 만든 백년초물을 넣어 반죽하기 -> 집청꿀 만들기 -> 반죽한 밀가루를 얇게 밀어서 모양 만들기 -> 튀김기름(160도)에 넣어 튀기기 -> 색이 살아있고 바스락거릴 때 건져내어 기름 빼기 -> 튀긴 매작과를 준비한 집청꿀에 담갔다가 망에 건져내 건조 시키기 -> 장식이나 포장하여 내기

5. 강정 만들기

　강정틀이 없으면 호일이나 비닐 위에 식용유를 바르고 넓게 편
다음 밀대로 밀면 된다.
　이때 여러 가지 재료를 사용하여 장식할 수 있다. 그리고
다양한 재료로 강정을 만들어 굳기 전에 서로 겹치거나 말아서
모양을 낼 수도 있다.

검정콩, 들깨, 깨, 쌀을 씻어 먹기 좋을 정도로 볶든지 튀기기 -> 물엿 또는 엿을 설탕과 함께 중간 불에 올려 녹이기 -> 볶거나 튀긴 재료를 녹은 엿에 넣고 버무리기 -> 강정틀에 넣어 밀기 -> 적당한 크기로 자르기

02 제과·제빵사의 직업 활동

오늘날 제과제빵사가 되려는 사람들의 숫자는 남녀노소를 불문하고 증가하고 있는 추세이다. 특히 퇴직한 사람들 중에서 이런 길로 다시 생활을 하고자 하는 사람들도 많다. 왜냐하면, 음식과 관계되는 직업이라서 수요가 항상 있다는 장점도 있지만 무엇보다도 재미나는 직업이 될 수 있기 때문이다.

또한 나이가 든 사람이나 여성들이 하기에 그다지 위험한 작업 공정이 없어서 더욱 그러하다.

그러나 제과제빵 작업이 수월한 것은 절대 아니다. 비록 기계로 반죽을 하지만 여전히 힘이 많이 드는 작업이며 새벽까지 일을 해야 하는 경우가 다반사라는 것을 알아야 한다. 손님들이 아침에 빵을 사러 오는 것을 대비하여 미리 준비해야 하기 때문이다.

또한 주말과 명절에는 손님들이 더욱 많이 오기 때문에 일반 사람들처럼 주말이나 명절 때 쉴 수가 없다. 그래서 직원을 고용하여 교대로 쉬기도 하지만 조그만 빵집을 할 경우에는 이마저 쉽지가 않다.

제과·제빵사의 공통 기본 업무

〈새로운 제품 개발에 관한 일들〉

- 재료의 특성을 파악하여 제품 개발에 응용한다.
- 4계절에 맞는 상품의 이미지와 특성을 파악하고 제품을
  개발한다.
- 기념일이나 행사를 위한 제품을 개발한다.
- 웰빙 시대를 고려하여 건강식 재료를 파악하고 이를 활용한
  제품을 만든다.
- 재료의 열량을 계산하여 제품을 개발한다.
- 소비층, 소비량 등을 고려하여 생산량을 결정한다.
- 재료비, 시설투자비, 재료 공급 상황, 수익성 등을 고려하여
  소비자 수준에 맞는 제품을 개발한다.
- 제품 개발 시에 반드시 배합표를 정확하게 작성 해둔다.
- 제품의 형태, 크기, 색상, 장식 등을 고려하여 디자인한다.

〈재료 준비에 관한 일들〉

- 제품의 생산량과 배합비에 따라 각각의 재료를 준비한다.
- 재료를 계량 저울로 정확히 계량하여 준비한다.
- 재료를 계량할 때 손실이 없도록 노력한다.
- 남은 재료들을 위생적으로 보관한다.
- 재료나 부재료에 대한 사전 처리를 한다 : 씻기, 말리기, 체
  내리기, 볶기,...

〈반죽에 관한 일들〉

- 제품에 알맞는 온도로 반죽한다.
- 믹싱기나 반죽기를 사용하여 순서에 따라 속도와 온도를
  조절하며 작업한다.
- 제품에 따라 필요한 부재료를 첨가하여 반죽한다.

- 만드는 제품의 종류에 따라 뜨거운 물로 익반죽하기도 한다.
- 반죽이 탄성을 가질 때까지 반죽한다.

〈발효에 관한 일들〉

- 제품의 발효 조건에 맞추어 발효기기나 발효실에서 반죽을 발효시킨다.
- 제품과 반죽 상태에 따라 발효 시간과 온도를 조절한다.
- 발효가 잘 되었는지 확인한다.
- 제품에 따라 반죽을 조건에 맞추어 2차 발효시킨다.
- 성형된 상태나 분할량에 따른 발효가 잘 이루어졌는지 확인한다.

〈성형에 관한 일들〉

- 덧가루를 최소로 사용하여 반죽을 틀에 맞게 분할한다.
- 밀대를 사용하여 밀어펴기, 접기, 말기, 꼬기 등의 방법을 사용하여 반복적으로 성형한다.
- 제품의 크기와 디자인에 따라 다양한 크기로 나눈다.
- 반죽의 두께가 균일하도록 밀어 편다.
- 제품의 특성에 따라 접고 밀기 회수를 정하여 민다.
- 제품의 특성에 맞게 반죽을 재단한다.
- 반죽을 일정한 크기로 분할하거나 펴진 반죽을 소도구를 사용하여 모양을 만든다.
- 반죽을 찜통이나 제조틀 등에 담거나 밀어 넣는다.
- 팬에 반죽이 달라붙지 않게 한다.
- 필요한 경우에 반죽을 냉장고나 냉동고에 넣어 둔다.
- 제품에 따라 충전물을 넣어 모양을 낸다.
- 식용 색소를 이용하여 색깔을 낸다.

■ 모양을 만들 때에 모양틀이나 커터, 조각칼, 가위 등의
도구를 사용하여 자르거나 깎는다.
■ 분무, 표면 다듬기 등을 활용하여 제품의 독특한 질감을
표현한다.
■ 제품 주제에 따라 균형, 색상 등을 고려하고 부재를 붙여
전체적인 모양을 만든다.
■ 제품의 종류에 따라 필요한 도구를 사용하여 밀어펴기,
충전물 넣기, 토핑, 찍기, 자르기 등을 한다.

〈충전물(소) 만들기에 관한 일들〉

■ 제품에 따라 충전물로 사용할 재료를 선별하여 위생적으로
씻는다.
■ 필요에 따라 충전물 재료를 삶든지, 볶든지, 가루로 만든다.
■ 여러 색상의 앙금을 만들어 제품의 색깔에 맞추어 사용한다.
■ 충전물과 토핑 재료를 계량하여 사전 처리한다.
■ 소금, 설탕이나 계피 가루 등등을 필요에 따라 적당량
첨가한다.

〈굽기, 찌기, 삶기, 굳히기 등에 관한 일들〉

■ 충전물을 넣거나 토핑하여 오븐에 넣어 굽는다.
■ 제품에 따라 오븐의 밑불과 윗불의 온도를 맞추고 팬의
간격을 유지하여 모든 제품이 균일하게 구워낸다.
■ 오븐을 조작할 때에는 반드시 안전 수칙을 지킨다.
■ 빵의 종류, 크기, 발효 상태, 충전물 반죽 농도 등에 따라
시간과 온도를 조정하여 굽는다.
■ 구워진 제품의 상태를 관찰 평가한다.
■ 제품의 종류에 따라 필요한 경우에는 구워 낸 제품을 식혀

바로 냉장한다.

- 제품의 종류에 따라 굽기, 찌기, 삶기, 튀기기, 팬에 익히기
등의 방법으로 제품을 만든다.
- 굽기 전에 오븐을 예열시킨다.
- 모든 제품이 동일한 색깔을 띠도록 굽는다.
- 만드는 제품에 따라 굽거나 찌는 온도를 조절한다.
- 골고루 잘 구워지도록 굽는 도중에 확인한다.
- 굽거나 찔 경우에 제품이 붙지 않도록 간격을 잘 조정한다.

〈제품 장식에 관한 일들〉

- 제품에 맞는 장식물, 크림, 토핑물을 만들어 제품을
장식한다.
- 제품에 따라 소스, 초콜릿, 과자, 과일, 허브, 설탕 등을
이용하여 장식하기도 한다.
- 케익의 모양과 특성에 맞게 아이싱과 데커레이션을 한다.
- 제품의 특성에 따라 냉각시킨 후에 장식을 한다.

〈포장하기에 관한 일들〉

- 완성된 제품은 제품의 특성에 따라 맛과 형태를 유지하기
위하여 냉각시킨다.
- 제품을 운반할 때 모양이 흐트러지지 않도록 포장한다.
- 가게와 제품의 특징에 맞는 포장지를 선택하여 포장한다.
- 제품이 포장지에 묻어나지 않도록 조심스럽게 포장한다.

〈재료 및 도구 재고 관리에 관한 일들〉

- 재료 및 도구, 장비의 상황과 상태를 수시로 파악한다.
- 재료의 시장 가격에 대하여 수시로 파악한다.
- 재료의 특성을 잘 파악하여 규정에 맞추어 위생적으로
보관한다.
- 재료 공급처의 상황을 수시로 확인한다.
- 정기적으로 재고량을 파악하여 소비와 공급의 경제성을
도모한다.
- 불량 재료는 즉시 반품한다.
- 도구나 기기는 특성에 맞게 규정에 따라 위생적으로
관리한다.
- 조리대, 조리 기구 및 도구들은 정기적으로 조사하고 항상
위생적으로 관리한다.

〈제조 위생 관리에 관한 일들〉

■ 식품위생법규에 따라 작업장 위생관리 계획을 수립한다.

■ 식품재료의 유해물질 여부를 파악하여 예방 대책을
마련한다.

■ 위생관리 지침에 따라 두발, 손톱 등 신체 청결을 유지한다.

■ 손을 자주 씻고 건조하게 하여 미생물의 오염을 예방한다.

■ 위생복, 위생모, 작업화 등 개인 위생 장구 착용 한다.

■ 작업장 내에서 사용하는 도구의 청결을 유지한다.

■ 오븐, 화덕, 믹서, 냉장고, 배수구 등 작업장 기계·설비들의
위생을 점검하고, 관리한다.

■ 작업장 청소 및 소독 매뉴얼을 작성한다.

■ HACCP관리 매뉴얼을 운영한다.

■ 세제, 소독제 등의 사용 시, 약품의 잔류 가능성을 예방하며
소독, 방충, 방서 활동을 준비, 수행한다.

자영업의 경우 업무 활동

제과점을 직접 운영하는 경우에는 고객 관리, 점포 관리 등에도
신경 써야 한다. 제과점 간의 경쟁이 치열해지고 있어 소비자의
입맛에 딱 맞는 제품을 개발하는 것이 중요하고 다양한 재료를
이용해 새로운 빵이나 케이크를 만들어 보면서 소비자들의
반응을 체크하는 일도 한다. 대형 제과제빵점의 체인점 혹은
자신의 이름을 내건 혹은 독자 상호를 가진 자영점의 경우
제과·제빵사의 직무는 제품생산과 판매, 위생관리 같은 기본적인
것 이외에도 다음과 같은 능력을 갖추어야 한다.

대상 고객의 특성, 취향을 반영하고 계절 및 행사 등 시기에
맞는 신제품과 새로운 제법 및 재료와 상품을 참고해서 자기만의
제품을 개발하는데 더욱 신경을 써야 한다. 아울러 개발한 각각의
제품별로 배합표를 작성하고 이를 관리하여 다른 제품을
개발하는데 참고로 해야 한다.

자영업의 경우에는 가게의 특성화가 성공의 중요한
관건이기에 자신만의 전문성을 개발해야 한다.

제품을 개발하였다면 원가, 수익성, 재료 조달, 설비 현황 등을
감안하여 제품 구성을 조정할 수 있어야 하고 매장에 어떻게
구성하고 디스플레이를 해야 할지 판단하고 부족하다면 개선
방안을 제시할 수 있어야 한다.

디스플레이시에는 제품의 크기나 모양, 색상에 따라 제품과
제품 간의 순서나 고객들의 동선 그리고 업장의 시설물 위치 등도
고려해야 한다.

그리고 매출을 증진시키기 위해 제품과 함께 할 수 있는 다른

사업도 생각해서 같이 운영하는 방법도 구성해 볼 수 있다. 예를 들면 가게 안에 커피 코너를 만들어 같이 운영한다던지 독서코너를 만들어 운영하는 등이 있을 수 있다.

스스로 가게를 운영할 경우에는 원료와 제품의 특성, 작업방법, 제품명 등 용어와 명칭을 정확하게 알고 구사할 수 있어야 하고 특히 재료의 구입처와 재료의 특성 및 가격을 소상히 파악하고 원가를 절감하기 위한 다양한 방법을 찾아봐야 한다.

또한 새로이 개발한 신상품 등에 대해 시식회 등을 통해 홍보와 안내를 하면서 제품의 변동사항 등에 대해 관련 직원은 물론이고 고객들에게 잘 설명할 수 있어야 한다.

자영점 운영에 있어서 원가 절감은 아주 중요한 사항임으로 재료의 낭비를 줄이는 것도 한가지 방법이라 하겠다. 따라서 주문량 및 생산량에 따라 배합표를 정확히 작성하여 이를 기준으로 환산하여 제품을 만들 때 반영할 수 있어야 한다. 신제품이나 제품의 품질 조정시 그 배합표를 새롭게 작성하여 보관하고 생산량에 따른 수율 및 손실을 감안하여 배합량 등을 계산할 수 있는 능력이 필요하다.

이러한 능력은 자영업을 하는 제과·제빵·떡·한과제조기능사 모두에게 해당되는 것으로 최고도의 숙련으로 인한 광범위한 기술적 작업을 수행할 수 있는 수준과 역량을 보유하고 있어야 한다.

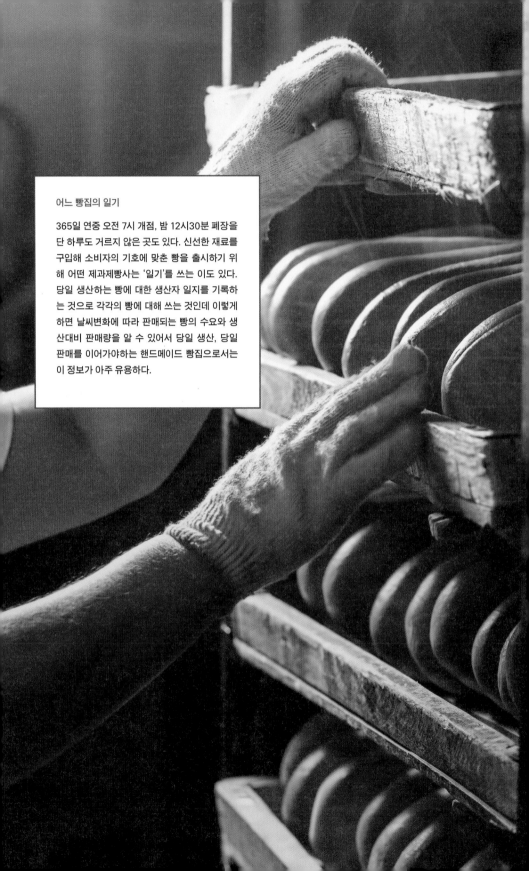

어느 빵집의 일기

365일 연중 오전 7시 개점, 밤 12시30분 폐장을 단 하루도 거르지 않은 곳도 있다. 신선한 재료를 구입해 소비자의 기호에 맞춘 빵을 출시하기 위해 어떤 제과제빵사는 '일기'를 쓰는 이도 있다. 당일 생산하는 빵에 대한 생산자 일지를 기록하는 것으로 각각의 빵에 대해 쓰는 것인데 이렇게 하면 날씨변화에 따라 판매되는 빵의 수요와 생산대비 판매량을 알 수 있어서 당일 생산, 당일 판매를 이어가야하는 핸드메이드 빵집으로서는 이 정보가 아주 유용하다.

어느 빵집의 하루

어릴 적 빵을 좋아해서 조금 커서는 이것저것 빵을 만들어보고 조금 더 커서는 제과·제빵사가 되었고 지금은 조그마한 빵집을 운영한다는 OO 사장님은 오전 6시에 문을 열고 손님을 맞을 준비를 한다. 요즈음은 빵을 주식 대용으로 구입하는 사람들이 늘어나서 아침 식사를 빵으로 하려는 직장인이나 상인들, 또 주변 주민들을 위해 되도록 일찍 문을 열려고 한다. 하루에 2번 빵을 굽는데, 아침에는 식사대용으로 먹을 만한 식빵과 바게뜨를 구워내고 오후에는 커피에 같이 먹거나 아니면 간식으로 먹을 만한 쿠키와 파이 그리고 케익들을 만들어 낸다. 제품이 나오면 일일이 장식과 포장을 하고 매대에 진열을 한다.

조그마한 공간이지만 사람들이 먹는 음식을 만들어 판매하는 곳이기 때문에 청결과 위생관리는 철저히 한다. 사장님 스스로도 위생복, 위생모, 작업화를 챙기고 제품들도 항상 신선한 것이 배치될 수 있도록 신경을 쓴다.

그렇지만 모든 빵을 수작업으로 자체 생산하기 때문에 빵을 만드느라 몇 시간씩 작업하고 오븐을 지켜보면서 있거나 매장에서 하루 종일 제품 주문도 받으면서 손님을 응대하다가 보면 밥 때를 놓치기도 여러 번이다.

그리고 무엇보다도 제품에 있어서 일관성 있는 빵과 과자를 만들어 내야하는 것도 신경이 많이 쓰이고 그럴 때 조금 힘이 들기도 하다.

취업의 경우 업무 활동

- 주요 취업처 : 대형 제과·제빵점, 호텔, 식품회사
- 근무 형태 : 출근, 퇴근, 보수, 정년, 연금
- 작업 내용 : 공장이나 회사에서 하는 일, 제품 제조, 신제품 개발

　자격증이 있다면 식빵류, 과자빵류를 제조하는 제빵 전문업체, 손작업을 위주로 빵과 과자를 생산 판매하는 소규모 빵집이나 제과점, 관광업을 하는 대기업의 제과 제빵부서, 기업체 및 공공기관의 급식소, 장기간 여행하는 해외유람선이나 해외로의 취업이 가능하다.

　현재 자격증이 있다고 해서 취직에 결정적인 요소로 작용하는 것은 아니지만, 제과점에 따라 자격수당을 주며, 인사고과에서 유리한 혜택을 받을 수 있다.

　해당 직종이 점차로 전문성을 요구하는 방향으로 나아가고 있어 제과·제빵사를 직업으로 선택하려는 사람에게는 자격증 취득이 필요하다.

　프랜차이즈 베이커리의 매장에 취업해서 일을 할 경우에는 본사로부터 납품받은 냉동반죽을 그대로 구워 내거나, 케이크를 만들 때 구워진 빵에 크림을 바르고 각종 장식으로 아름답게 꾸미는 일을 주로 하기 때문에 자영업의 경우보다는 업무가 비교적 수월하다고 한다.

　하지만 제과, 제빵, 떡 제조원의 경우 입사하여 제조 실무자가 되기까지는 직무 경험이 약 4년 정도 있어야하고 중간 실무자가 되려면 직무 경험이 약 8년, 제고 총괄 실무자가 되기까지 직무 경험이 적어도 8년에서 11년은 있어야 한다고 한다.

　취업의 경우 사설학원의 제과·제빵 훈련과정을 이수하거나 숙련 제과·제빵사를 보조하면서 현장에서 직접 기술을 습득하거나 전문대학의 식품가공 제과제빵과 등에서 제과·제빵 관련 전문지식을 습득한 후 취업하는 방법도 있다.

정확한 계량 능력, 손재주, 꼼꼼함 등 제과제빵과 관련한 지식과 훈련도 중요하지만, 먼저 가장 기본이 되는 것은 빵을 만드는 것을 좋아하고 즐기면서 열정을 다해 만들 수 있는 자세이다.

그러한 마음가짐이 있으면 새로운 빵이나 과자를 만드는 창조적 정신으로 제과제빵업에 한번 도전해 볼 만하다. 현대인의 식생활은 날로 변천해 나가고 있기 때문에 오늘에 만족하지 않고 계속 새로운 신제품을 개발해 나가는 것이 무엇보다도 성공에 있어서 중요하기 때문이다.

제과·제빵·떡점 설립 절차

식품위생법 시행령 제21조에 제과·제빵점은 주로 빵, 떡, 과자
등을 제조 판매하는 곳으로서 음주행위가 허용되지 아니한다. 또
제과·제빵업은 제25조에 특별자치도지사 또는 시장, 군수,
구청장에게 영업신고를 해야 하는 업종으로 규정하고 있다.

그리고 제조한 식품을 인터넷 등을 통해 유통·판매를 하고자
한다면 '식품제조·가공업' 허가가 있어야 하므로 영업신고를 하여
허가증을 받고난 후 사업자 등록이 가능하다. 그리고 나서 그
다음 통신판매업 신고를 해야 통신 판매를 할 수 있다.

창업과정을 간단하게 열거해 보면 다음과 같다.

창업 형태 결정

제과제빵 창업은 먼저 가족들과 상의하여 자영업으로 할
것인지 체인점으로 할 것인지 결정한다.

〈자영업 창업 비용〉

■ 매출 목표에 따른 시설투자비
임대료를 제외한 시설 투자비가 대략 7,000만원에서 1억 원
정도가 든다.

■ 보증금 및 권리금
하루예상매출 약 30만원짜리 점포일 경우 시설 투자비(약
4,000여만원), 보증금(약 4,000여만원), 권리금(약 3,500여만원)포함
총 약 1억~2억의 투자비를 준비해야 한다.

제과점 시설 투자비에는 어떤 것들이 있을까?

기계 및 도구(전기오븐, 쇼케이스, 전기발효실,
믹서기, 작업대, 튀김기, 슬라이서, 업소용 냉장
고, 싱크대, 냉온수기, 컨벡션오븐, 파이로울러,
찜기계, 평대 쇼케이스, 아이스캔디 냉장고 및 기
계, 생크림용 소형 믹서, 각종 소도구 및 집기류
등), 인테리어, 초도 재료비(보통 15일분), 초도
포장비(박스,비밀, 스티커 등), 기타 설비비(전
기, 가스, 방화설비 등)

〈프랜차이즈 창업 비용〉

　　사업 타당성과 점포 개설 조건을 꼼꼼히 따져보고
프랜차이즈업체를 선정하고 본사를 방문하여 상담한다.

　　가맹점 개설에 드는 보증금과 가맹비, 인테리어와 기계 시설비,
점포 보증금 및 권리금 등 투자비용을 살펴보아야 한다. 보증금은
가맹점이 점포를 그만 두게 될 때 돌려받게 되는데 정말 돌려받을
수 있는지 확인해 보아야 한다.

대략 보증금, 가맹비, 인테리어비, 기계설비비를 합하여 약
5,000여 만원에서 1억 여원이 든다.

　　여기에 점포 보증금, 권리금을 합하면 보통 1억 5천
여만원에서 3억 여원까지도 준비해야 한다.

　　프랜차이즈업체 가맹점을 개설할 때는 다음과 같은 점들을
체크해야 한다.

- 개설 가능지역
- 점포규모(최소 10평)
- 상권(하루 예상 매출)
- 공급 제품 수(완제품, 냉동생지 등)
- 공급 방법(1일 배송횟수 등)
- 반품 부담비율(하절기, 동절기)
- 개업 시 본사지원 내용과 개업 후 지속지원 내용

　　그 밖에도 제품관련 사항들을 꼼꼼하게 확인해보고 확인내용
및 상담내용은 꼭 문서기록을 해두어야 한다. 점포 계약 전에
본사에 시장조사를 의뢰하여 담당 전문가들의 상담을 받는 것이
좋다.

가맹점 창업비용에 포함되
는 것들

기계 및 도구(전기오븐, 쇼
가맹비, 계약이행보증금,
기획관리비, 브랜드 사용
료, 교육비, 개점행사비,
홍보.판촉물, 인쇄.유니폼,
인테리어, 에어컨.전기, 간
판, 장비, 가구, 집기 기기
류, 주방기기, POS(실시
간재고관리시스템)임대
료, 기타 비품 등

상호 및 입지 선정

1. 상호 결정

상호를 정한다. 필요하면 인터넷 도메인 네임을 확보해 두고, 상호의 경우 특허청에 상표등록을 해둔다.

2. 입지 선정

자영제과점을 할 것인지 가맹점을 할 것인지 어떤 쪽으로든 창업을 결정했다면 점포 개설을 위한 준비와 시장조사가 필요하다.

점포의 입지는 창업의 성패를 좌우하는 중요한 사항으로 제과점은 입지사업이라고 할 만큼 상권의 중요성이 매우 큰 사업으로 알려져 있다.

아파트 상권은 안정적이나 아주 높은 매출을 올리는 데 한계가 있고, 일반 도로변의 점포는 높은 매출을 기대할 가능성은 크나 안정적이지 못하다는 장단점이 있다.

이밖에 한 점포당 약 700~800 세대의 배후 세력이 있어야 하고 정류장, 학교, 대형 슈퍼, 교회 등이 있으면 유리하다는 것이 지금까지 업계에 알려진 좋은 입지의 일반적인 상식이다.

집객력(集客力)과 함께 주변 경쟁 업종, 소득 수준, 점포 위치 등의 변수도 고려해야 한다.

따라서 입지 선정에는 보다 세부적이고 정밀한 조사와 다양한 변수 요인을 고려해야 하는데, 즉 입점 예상지를 기준으로 상권도를 그려보며 해당 지역의 세대수와 인구수, 통행인수 교통망, 소득 수준, 상권 내 빵 시장 규모, 점포 및 건물 구조, 주차 공간, 집객력, 임대료 및 지가 현황, 예상 손익, 경쟁점포, 장래성 등 조사 기준을 세워 종합적으로 시장 조사를 해야 한다.

상권도란 무엇일까?

예정 점포의 위치를 약도 형식으로 그리는 것으로 상권도에는 각 점포의 위치를 그리고 점포의 상호와 업종, 주요 도로, 도로 폭, 차량 진행 방향, 횡단보도, 은행, 극장, 교회, 공공기관, 정류장이나 전철역, 쇼핑 센터 등을 표시해 놓고 경쟁 제과점이나 유사 경쟁 업종인 패스트푸드점 등을 별도 표시한다. 여기에 경쟁점포에 대한 자료와 함께 점포 규모, 예상 입점객수, 종업원 수 등 자신의 판단 내용을 함께 기입해도 좋다.

개업 준비

입지선정과 시장조사 및 자금조달을 어떻게 할지 계획이
섰다면 개업 준비를 한다.

그 다음 점포를 임대하고 특성에 맞게 인테리어를 한 다음
필요한 설비를 갖추고 시험 가동을 해 본다.

이어 원자재 구입처를 확보하고 생산계획을 세우며 필요할
경우에 직원을 채용한다.

제과점 점포 계약 시 주의해야 할 점은 일반적인 임대차 계약
시 점검 사항과 비슷하다. 만약에 발생할지 모르는 상황을 대비해
근저당 설정 및 도시계획 여부, 점포 변경 횟수와 건물주의 성향
파악 등 계약서 외적인 요소를 잘 살피는 것도 안정적인 점포
운영에 큰 도움이 된다.

그리고 잔금 지급 시 계약한 일짜와 잔금 지급 일자 사이에
소유권 변동이나 저당권 설정 등의 문제가 없는지 확인하고 세금
관련 사항(상가 인수 시 전화, 전기, 수도, 도시가스 요금 등)도 확인해
본다.

만일 제과점 창업에 뜻을 두는 사람이라면 대한제과협회
중앙회나 월간베이커리 편집부 또는 해당 지역의 지회사무실을
방문하여 조언을 구하는 것도 바람직한 한 방법이 될 수 있다.

개업 준비는 어떻게 할까?

- 가게 인테리어
 - 업체선정(점포 설계, 시공, 전기증설)
- 생산기계업체, 설비업체 선정 후 발주, 구입, 시험 가동
- 원자재 공급 업체 선정 및 원자재 구매 : 포장재 및 용기 포함
- 생산계획 수립
 - 생산 품목 선정 및 수량 결정
 - 종업원 채용(기술자와 판매원)
- 시험 생산

영업 신고

개업 준비가 완료되었다면 영업을 하기 위해 사업장 관할 구청
위생과에 가서 제과·제빵점 영업신고를 한다.

〈영업 허가 취득하기〉

영업허가신고(관할 구청 위생과) 제과점은 식품위생법에 의거
휴게음식점업(과자점)인 영업허가를 취득하여야 한다.
구비서류는 아래와 같다.

- 영업허가신고 신청서(관할 구청 민원실 비치) → 위생과
- 위생 교육필증(前 보건복지부에서 위임한 교육기관인 사단법인
  대한제과협회에서 실시하는 교육과정을 수료하여야 한다.)
  → 지역별 분원
- 건축물 대장
- 건강진단서(보건증)

위 서류는 관할 위생과에 접수해야 하며 접수 후 관할
위생과에서 1개월 이내에 시설조사를 시행한다.

창업의 일반적인 과정

업종선정 → 시장조사 → 사업계획서 작성 → 입지선정 → 자금조달 계
획 → 개업준비(점포 계약체결, 내.외장 공사, 영업용 설비 시설) → 영
업신고 신청(시, 군, 구 위생과) → 현장조사 및 영업신고증 교부 → 사
업자 등록(관할 세무서) → 영업개시(개업) → 마케팅

사업자 등록

해당 관청에 영업신고를 한 다음에 관할 세무서에서 제과·제빵업 사업자 등록 신청을 해야 한다.

이 때 해당 시·군·구청으로부터 발급받은 제과·제빵점의 '영업신고서 사본'과 주민등록 등본 2부를 첨부하여 세무서에 비치된 사업자등록 신청서를 작성해 제출하면 세무서에서 사업자 등록증을 발급해 준다.

영업신고를 하는 과정에서 사업자 등록 전에 개업을 하고 영업 개시를 하였다면 사업개시 20일 이내에 사업장 관할세무서에 등록을 한다.

사업자 등록 신고

■ 사업자등록 신고 시 필요한 제출 서류는 임대차 계약서 사본, 영업 신고증 사본, 주민등록등본이다. 서류들이 준비되면 관할 세무서에 방문하여 신고하면 된다.

■ 신규사업자는 개업 전이라도 사업자 등록이 가능하며, 개업 이전에 사업자 등록증을 교부받아야 공사대금, 기계구매에 대한 부가가치세 매입 공제를 받을 수 있다.

Part Three

Get a Job

학력과 학교 졸업장이 필요없으며 오로지 자신의 실력으로 경쟁할 수 있다. 그러나 자신의 실력이 경쟁력을 가지려면 적성에 맞아야 한다.

　요즈음에는 웰빙과 함께 천연재료로 내가 직접 만들어 먹는 것에 관심이 많고 특히 아이들과 함께 제과제빵을 직접 체험하는 곳도 생겨나 어느 때보다도 제과와 제빵에 대한 관심이 높다.

　그래서 지금은 자신의 이름을 내걸고 제과 · 제빵점을 하는 곳도 늘어나고 있는 추세이다.

　제과점을 내려고 한다면 먼저 제과 제빵에 대해 알아야 하고 잘 만들어야 한다. 무엇보다도 제과제빵에 관한 숙련된 기능을 가지고 일할 수 있는 전문가가 되어야 한다.

　제과 · 제빵에 관하여 이렇게 실력을 갖추게 되면 한국기술자격검정원에서 실시하는 제과 · 제빵 기능사를 취득하는 것이 좋다. 꼭 자격증이 있어야 하는 것은 아니지만 취업을 할 때

ⓒ서울호서직업전문학교

유리한 것이 사실이다. 일반적으로 자격증이 있으면 자격증
수당도 받을 수 있다. 창업을 할 때도 자격증이 있는 것이 당연
유리하다.

과자와 빵을 만드는 기술만을 가르치는 전문 교육기관은
그다지 많지 않다. 왜냐하면 이들 기술들이 어렵고 복잡하지
않아서 누구든지 배우면 비교적 손쉽게 만들 수 있기 때문이다.

그러나 전문적인 분야에 들어가면 과자나 빵의 제조 방법도
아주 복잡하고 어려워진다.

하지만 그런 분야는 특수한 것으로 일반적인 제과 제빵에서는
그러하지 않은 것이 보통이다. 다만 만드는 방법에 있어서 각자가
자신 만의 노하우를 가질 수는 있지만 이 역시 경험적인 것으로
교육기관을 통하여 가르칠 것은 아니다.

오늘날 일반적으로 제과와 제빵은 식품과 관련된 학과에서
가르치며 보다 단순한 제조 기술은 학원에서나 개인 교습으로도
배울 수가 있다.

특히 한과나 떡과 관련해서는 농업진흥청에서도 많은 기술적
도움을 받을 수 있다.

제과·제빵 분야와 관련된 교육과정은 학과별로 다양하기
때문에 대표적인 관련학과들의 교육과정을 살펴보면 다음과
같다.

〈일반대학 식품영양학과에서 배우는 과목들〉

인체생리학, 유기화학, 생화학, 식품화학, 식품재료학,
식생활과 문화, 영양화학실험, 기초영양학, 고급 영양학,
식품위생학, 분자영양학, 식생활 관리학, 지역사회 영양학, 영양
교육 및 상담, 생애주기 영양학, 식이요법 및 실험, 단체급식관리
및 실습, 식품 분석실험, 실험 조리 및 식품평가실습, 조리과학 및
실험, 식품 가공 및 저장학, 식품가공학, 식품미생물학, 식품학,
영양생리학, 임상영양학, 조리원리 및 실험

〈일반대학 한식조리학과에서 배우는 과목들〉

한국조리실습, 외식산업의 이해, 음식과 디자인, 영양학,
서양조리실습, 제과제빵실습, 병과와 음료 실습, 한국 음식문화와
콘텐츠, 궁중음식 실습, 실험조리, 산업체 현장실습, 식품위생학,
일본조리 실습, 조리교과 교육론, 한식당 창업 및 경영,
단체급식관리, 식품상품개발, 기초조리실무, 식품학, 외식서비스
영어, 디지털 프리젠테이션, 그래픽 활용, 조리과학, 중국조리
실습, 식품가공학, 한식 스타일링, 세계 음식문화, 전통발효식품
실습, 향토음식 실습, 채식과 약선 음식 실습, 한식상차림 연출,
조리교과 교재 및 연구법, 조리논리 및 논술, 옛 음식책 연구 및
실습, 전통주와 와인 실습

〈전문대학 식품영양과에서 배우는 과목들〉

생리학, 식품영양개론, 음식과 문화, 한국조리 실습,
기초건강과학, 공중보건학, 조리원리, 식품학, 일반화학,
외국조리 실습, 기초영양학, 식품위생학, 생화학, 식품구매론,
기능성식품, 실험조리, 식품가공 및 저장학 실습, 식생활 관리,
고급영양학, 단체급식, 식품화학, HACCP 실무, 식품분석,

식품미생물학, 식품품질평가 및 실험, 급식경영학, 생애주기
영양학, 임상 영양학, 영양교육, 식품 분석 기초현장 실습,
식품미생물 기초현장실습, 식사요법, 급식실무, 식품위생법규,
위생사특론, 메뉴 개발 및 실습, 영양사 현장실습, 영양사
심화현장실습, 식품분석 심화현장실습, 식품미생물 심화현장실습

〈전문대학 식품조리과에서 배우는 과목들〉
　식품위생학 및 법규, 공중보건학, 식품학, 영양학, 조리원리,
식당 경영론, 전통병과 실습, 식품재료학, 조리 원서강독, 세계의
식문화, 한국조리 실습, 일본조리 실습, 중국조리 실습, 서양조리
실습, 외식산업실무, 조리과학 실험, 동양조리 실습, 테이블세팅
실습, 홈베이킹 실습, 신제품 개발 실습, 식음료 세미나, 제과제빵
세미나, 현장 실습, 실기교육방법론, 식품 위생학, 실험조리,
제과제빵 재료학, 케익 데코레이션, 제빵이론과 실습, 식품 분석

〈고등학교 식품생활과학과에서 배우는 과목들〉
　식품과학, 식품 위생, 식품가공, 발효식품, 전통병과, 제과제빵
실습, 조리, 농산물품질관리, 한국조리 실습, 외국조리 실습, 케익
데코레이션, 식품 성분 분석, 미생물 배양, 식품 가공 실습

〈고등학교 식품가공과에서 배우는 과목들〉
　식품과학, 식품 위생, 식품 가공 기술, 발효공업, 식품과 영양,
한국조리, 디스플레이, 식품 성분 분석, 식품 품질 검사, 식품
미생물검사, 제과제방 실습, 발효식품 실습, 식품 위생실습,
한식조리 실습, 농수산물 가공 실습

제과·제빵 학과 개설 전문대학

■ 호텔제과제빵과
김포대학교, 동원대학교, 동원과학기술대학교
(호텔식품제과제빵과), 동주대학교, 부산여자대학교,
용인예술과학대학교, 한국관광대학교

■ 호텔조리제빵과
강동대학교, 경남도립남해대학, 경북전문대학교, 대원대학교,
서라벌대학교, 서영대학교, 신안산대학교, 울산과학대학교,
전남도립대학교, 구미대학교, 창원문성대학교, 충남도립대학교

■ 제과제빵과
수원과학대학교, 수원여자대학교, 신성대학교, 우송정보대학,
창원문성대학교, 한국관광대학교, 혜전대학교

■ 바리스타제과제빵과
강원도립대학교

■ 제과제빵커피과
대구과학대학교, 대구보건대학교, 대경대학교(제과제빵카페과),
대림대학교, 수성대학교

■ 호텔제과음료과
충북보건과학대학교

제과·제빵사에 필요한 적성

제과사 및 제빵사는 예민한 미각과 아름다운 제품을 만들기 위한 미적 감각이 필요하며 새로운 빵, 과자 등을 개발할 수 있는 창의력을 갖추어야 한다. 그리고 정교한 손놀림, 꼼꼼함을 갖추면 유리하며, 장시간 서서 작업하기 때문에 체력과 인내심이 있어야 한다. 예술형과 탐구형의 흥미를 가진 사람들에게 적합하고, 혁신, 사회성, 리더십 등의 성격을 가진 사람들에게 유리하다.

– 사교성이 있어야 한다.

– 제과제빵에 대한 흥미와 긍지를 가지고 있어야 한다.

– 항상 새로운 것을 만들어보려는 창조성이 있어야 한다.

– 체계적으로 일을 처리하는 능력이 있어야 한다.

– 숙달된 솜씨를 익힐 수 있어야 한다.

– 가게 운영의 능력이 필요하다.

제과·제빵 학과에서 배우는 과목

■ 식품학 : 식품의 특징과 성분에 대한 지식은 물론 색, 맛,
향기 등의 특수성분 및 저장방법에 대해 배운다.

■ 제과이론 : 과자를 만드는 기본적인 과정과 기초 제조기술에
대해 배운다.

■ 제빵이론 : 제빵의 기본이 되는 배합표 작성, 제빵공정,
제품평가 등에 대해 배운다.

■ 제과제빵 재료학 : 제과, 제빵에 쓰이는 일반 재료와 특수
재료들의 성분과 성질에 대해 배운다.

■ 제빵실습 : 제빵이론을 바탕으로 반죽, 발효, 성형, 굽기 등
기본적인 제빵 기술을 배우며 이를 응용한 다양한 제빵 기술을
익힌다.

■ 제과실습 : 제과이론을 바탕으로 반죽과 팬닝, 굽기 등
기본적인 제과 기술을 익히며 이를 응용한 다양한 제과 기술을
익힌다.

■ 영양학 : 합리적인 식생활과 건강을 유지하기 위하여 필요한
영양소의 종류, 성질, 기능, 소화, 흡수, 대사 등에 대해 배운다.

■ 식품위생학 및 법규 : 식품 생산, 저장, 소비에 이르기까지
식품의 위생안전을 위하여 식품위생 저해요인, 식중독, 환경,
유해물질 등에 대해 공부하며 예방 방법을 배운다.

■ 공중보건 : 우리나라의 보건문제 및 보건의료 체계에 대해
배우고, 주요 질환의 현황과 관리 방법, 손상 및 중독, 직업병,

© 서울호서직업전문학교

환경오염 및 관리대책 등에 대해 배운다

■ 케익 데코레이션 : 크림 만들기, 아이싱, 버터 크림짜기 등의 기술을 배우며 케익 장식을 위한 가나슈 파이핑, 머랭 장식, 비스퀴 조콘드 반죽을 이용한 장식 기술을 습득한다.

■ 한식조리 실습 : 한국 전통 음식에 대한 조리 기술을 습득한다.

■ 조리원리 : 식품의 물리, 화학적 성질을 토대로 식품조리 시 일어나는 조리반응에 대한 이론을 배워 과학적인 조리사가 되게 한다.

■ 제과점 식음료 실습 : 빵과 과자에 어울리는 식음료 제조를 배운다.

■ 실험제과제빵 : 배합비를 바꾸어 과자나 빵을 만들어보아

새로운 제품 개발의 기초를 배운다.

■ 디저트 실습 : 주 요리와 더불어 즐기는 다양한 디저트
품목을 실습하여 요리와 제과의 상관관계를 이해하고 제과
실기 능력을 향상시킨다.

■ 양식조리 실습 : 서양의 조리기술, 재료의 사용 및 식품 배합
등을 실습을 통해 배워 서양 음식문화에 대한 이해를 도운다.
이는 새로운 제품 개발에 응용될 수 있다.

■ 특수빵 실습 : 특수한 재료와 방법으로 빵을 제조하는
방법을 배우며 응용제품 제조를 통해 제빵제조의 응용력을
높인다.

■ 기능성식품 : 최근 각광받고 있는 천연 기능성 물질에 대한
이해와 기능성 소재 및 이용방법에 대한 지식을 습득하여
제과제빵 신제품 개발을 위한 이론적 기초를 확립한다.

■ 초콜릿실습 : 초콜릿의 기본 성질, 취급법 및 제조방법을
배운다.

■ 공예과자 실습 : 슈가 페이스트, 설탕공예, 빵 공예, 마지판
등의 공예과자 기술을 배운다.

■ 제과점 경영론 : 제과점 경영 방법, 영업 전략, 입지 조건,
제과, 제빵 산업의 전망 등에 대하여 배운다.

관련 학과와 유사한 학과

〈식품영양학과와 유사한 학과〉

식품영양학전공, 한방식품조리영양학부,
식품영양전공, 식품영양학과, 발효융합학과,
식품공학부(식품영양전공), 식품영양·건강생활
학과, 영양식품과학과, 영양조리과학과,
와인발효식품학과, 외식영양학과,
한방식품영양학부, 가정학과 식품영양학전공,
식품과학부 식품영양전공, 식품과학부
영양학전공, 식품과학부(식품공학, 식품영양),
식품영양과학과

〈식품조리학과와 유사한 학과〉

식품조리전공, 국제소믈리에과,
망고식스디저트카페과, 바리스타&소믈리에과,
바리스타전공, 식품조리과, 실용한식조리과,
웰빙외식조리과, 음료문화학부, 조리과학전공,
조리음료바리스타과, 카페&베이커리전공,
커피바리스타제과과, 커피초콜릿학부,
퓨전양식조리과, 국제관광실무계열
호텔소믈리에 바리스타, 식음료조리계열
조리전공, 웰빙외식조리계열,
커피와인바리스타학부

〈제과제빵과와 유사한 학과〉

제과데코레이션과, 호텔식품제과제빵과,
호텔제과음료과, 호텔제과제빵과,
제과제빵과(전공심화과정), 호텔제과제빵학과,

호텔조리·제과제빵계열(제과제빵전공)

〈식품가공과와 유사한 학과〉

기능성식품과학과, 바이오식품가공과,
바이오식품공업과, 바이오식품과,
바이오식품과학과, 바이오식품산업과,
바이오식품화학과, 발효제품가공과,
생명식품가공과, 식자가공과, 식품공업과,
식품과학과, 식품산업과, 식품생명과,
식품생명과학과, 식품화학공업과,
웰빙식품가공과, 자영식품산업과,
전통발효식품과, 제과제빵과, 치즈과학과

기타 관련 학과 개설 학교

〈고등학교〉

1. 식품가공 관련과

계산공업고등학교, 인천뷰티예술고등학교,
발안바이오과학고등학교, 수원농생명과학고등학교,
부안제일고등학교, 양평고등학교, 여주자영농업고등학교,
용인바이오고등학교, 강릉정보공업고등학교, 김화공업고등학교,
영서고등학교, 영동산업과학고등학교, 금산하이텍고등학교,
논산공업고등학교, 서산중앙고등학교, 청양고등학교,
정읍제일고등학교, 영광공업고등학교, 김천생명과학고등학교,
한국생명과학고등학교

2. 조리 관련과

서서울생활과학고등학교, 송곡관광고등학교,
서울신정고등학교, 부산관광고등학교, 부산정보관광고등학교,
인천생활과학고등학교, 상서고등학교, 울산생활과학고등학교,
광주자연과학고등학교, 발안바이오과학고등학교, 일산고등학교,
한국외식과학고등학교, 동광산업과학고등학교,
논산여자상업고등학교, 남원제일고등학교, 덕암정보고등학교,
부안제일고등학교, 한국전통문화고등학교,
전남조리과학고등학교, 강릉정보공업고등학교,
경북생활과학고등학교, 고령고등학교, 경남관광고등학교,
경남산업고등학교

〈전문대학〉

1. 식품영양과
　　경남정보대학교, 경북전문대학교, 경인여자대학교,
계명문화대학교, 광주보건대학교, 대구과학대학교,
대구보건대학교, 대전과학기술대학교, 대전보건대학교,
배화여자대학교, 백석문화대학교, 부천대학교, 서일대학교,
서정대학교, 수원여자대학교, 숭의여자대학교, 신구대학교,
안동과학대학교, 안산대학교, 연성대학교, 울산과학대학교,
원광보건대학교, 유한대학교, 장안대학교, 전남대학교,
창원문성대학교, 한림성심대학교, 한양여자대학교

2. 호텔조리과
　　강릉영동대학교, 김포대학교, 대경대학교, 동원대학교,
문경대학교, 서정대학교, 세경대학교, 수성대학교,
수원과학대학교, 안동과학대학교, 장안대학교, 제주관광대학교,
제주한라대학교, 한국관광대학교

제과 · 제빵 자격제도와 준비 기관

요리사와는 구별되는 식품가공의 한 분야인 제과제빵은 떡제조 분야와도 구별되어 제과원, 제빵원은 각각 제과, 제빵 기능사 자격을 취득해야 하고, 떡제조원(한과제조원)은 식품가공기능사 자격을 취득해야 한다.

그러나 아직까지 법적으로 요구되는 사항은 아니다. 즉 제과점이나 제빵점을 열려고 할 때 특별히 요구되는 자격은 아니다. 하지만 취직을 하려고 할 때에는 필요하다.

이러한 자격을 가지고 있을 때 식빵류, 과자빵류를 제조하는 제빵 전문업체, 비스킷류, 케익류 등을 제조하는 제과 전문생산업체, 빵 및 과자류를 제조하는 생산업체, 손작업을 위주로 빵과 과자를 생산 판매하는 소규모 빵집이나 제과점, 관광업을 하는 대기업이 제과, 제빵부서, 기업체 및 공공기관의 단체 급식소, 장기간 여행하는 해외 유람선이나 해외로의 취업도 가능하다.

현재 자격이 있다고 해서 취직에 결정적인 요소로 작용하는 것은 아니지만, 제과점에 따라 자격수당을 주며, 인사고과시 유리한 혜택을 받을 수 있다.

그리고 해당 직종에 대해 점차 전문성을 요구하는 방향으로
나아가고 있어 앞으로 제과제빵사를 직업으로 선택하려는
사람에게는 필요한 자격증 이라고 할 수 있다.

제과·제빵사 자격증을 따려면 대학에서 제과·제빵을
호텔조리학과나 외식사업과 또는 제과·제빵과 등에서 전공하는
방법이 일반적이다.

그렇지만 요즘에는 시마다 운영하고 있는 여성회관, 복지관,
문화센터 등에서 비교적 저렴한 비용으로 배울 수 있고 또 자격증
대비반을 운영하고 있어서 자신에게 맞는 곳을 선택해서
수강하면 된다.

일반 제과·제빵학원에서도 수강이 가능하지만 앞서 얘기한
곳보다는 수강료가 좀 비싼편이다. 수강료가 비싼 편이긴 하나
제과제빵을 직업으로 가지려는 이들에게 학원 수강이 인기를
끄는 이유는 수강내용이나 시설의 차이도 있지만 수강하는
제과·제빵학원 자체에서 필기 및 실기시험을 치룰 수 있다는
점이 학원수강의 큰 장점이자 매력이 아닌가 한다.

분류	제과 · 제빵	떡 · 한과
직업명	제과 제빵원	떡 제조원
종사자 수	40,000여명	22,000여명
평균 연령	30대	40대
월 평균 임금	약 250만원	약 210만원
평균 학력	약 12년	약 10년
성비	남성 57%, 여성 43%	남성 52%, 여성 48%
평균 근속년수	약 4년	약 10년
관련 자격	제과기능사, 제빵기능사 제과기능장	떡제조기능사

자격시험 내용

　자격시험은 필기시험과 실기시험이 있다. 필기시험은
제조이론, 재료과학, 영양학, 식품위생학 등으로 60문항이
출제되고 그중 36문항을 맞으면 즉 60점 이상이면 합격이다.
필기시험 합격자와 제과기능사나 제빵기능사 둘 중 1개의
자격증이 있으면 실기시험에 응시할 수 있고 제과.제빵 각각
24가지 중 1종목이 무작위로 출제되며 60점 이상이면 합격이다.
필기시험은 꼭 학원에 다니지 않아도 공부할 수 있으나 이론이
너무 광범위하기 때문에 기출문제를 중심으로 열심히 외우면서
공부해야 한다. 필기시험에 합격하였다면 횟수와 상관없이 2년
동안 실기시험을 볼 수 있다.
　필기 및 실기시험 일정은 한국기술자격검정원
(http://www.ktitq.or.kr)에 자세히 나와 있으며 시험접수는
인터넷으로만 가능하다.
　홈페이지 www.q-net.or.kr (한국산업인력공단)에서 정해진
날짜에 접수하면 된다.
　21개지역(서울, 부산, 대구, 광주, 대전, 경인지역, 경기, 서울동부,
서울남부, 강릉, 부산남부, 경북, 전북, 충남, 경남, 충북, 울산, 강원, 포항,
전남, 목포지사 등)에서 매달 1회 이상 시험이 시행된다.
　2012년부터 정시시험은 없어지고 상시시험으로만 시행되어
매달 그 전달에 공지된 기간에 실시되며 합격자를 '당일'
발표하기 때문에 합격여부를 시험 본 당일에 알 수 있다.
　자격증에는 국가기술자격에 한국산업인력공단 시행의
제과·제빵 부문에 제과기능장, 한국기술자격검정원 시행의
제과기능사, 제빵기능사가 있다.

제과기능사(Craftsman Confectionary Making)

  1982년부터 시행이 시작된 제과에 관한 숙련기능을 가지고
제과 제조와 관련되는 업무를 수행할 수 있는 능력을 가진
전문인력을 양성하고자 자격제도를 제정하였다.
  각 제과제품 제조에 필요한 재료의 배합표 작성, 재료 평량을
하고 각종 제과용 기계 및 기구를 사용하여 성형, 굽기, 장식, 포장
등의 공정을 거쳐 각종 제과제품을 만드는 업무를 수행을
평가한다.

  ■ 출제경향 : 제과평량, 반죽(발효), 성형, 굽기 등의 공정을
    거쳐 요구하는 제과 작품을 만드는 작업 수행

  ■ 시험 과목
    - 필기 : 과자류 재료(제품 재료혼합, 반죽발효, 반죽정형, 반죽익힘,
      포장), 제조 및 위생관리(저장유통, 위생안전관리, 생산작업준비)
    - 실기 : 제과 실무

  ■ 시험 방법
    - 필기 : 객관식 4지 택일형, 60문항(60분)
    - 실기 : 작업형(2~4시간 정도)

  ■ 합격 기준
    - 필기·실기 : 100점을 만점으로 하여 60점 이상

  ■ 응시 자격 : 제한 없음

제과기능사 실기과제 24
가지

**찹쌀도넛, 데블스푸드케이
크, 멥쌀스펀지케이크(공
립법), 옐로레이어 케이크,
초코머핀(초코컵 케이크),
버터스펀지 케이크(별립
법), 마카롱 쿠키, 젤리롤
케이크, 소프트롤 케이크,
버터스펀지 케이크(공립
법), 마드레트, 쇼트브레드
쿠키, 슈, 브라우니, 과일
케이크, 파운드 케이크, 다
쿠와즈, 타르트, 사과파이,
퍼프 페이스트리, 시퐁 케
이크(시퐁법), 밤과자, 마
데라(컵) 케이크, 버터 쿠
키**

〈제과기능사 합격자 현황〉

구분	필기 시험			실기 시험		
	응시자수	합격자수	합격률	응시자수	합격자수	합격률
2021년	59,893명	27,634명	46.1%	32,444명	14,227명	43.9%
2020년	41,292명	19,136명	46.3%	20,928명	8,376명	40%
2019년	36,262명	13,843명	38.2%	22,763명	8,523명	37.4%
2018년	27,727명	9,630명	34.7%	20,860명	7,266명	34.8%
2017년	26,917명	9,120명	33.9%	21,645명	7,011명	32.4%

제빵기능사(Craftsman Breads Making)

1982년부터 시행이 시작된 제빵에 관한 숙련기능을 가지고 제빵을 제조와 관련되는 업무를 수행할 수 있는 능력을 가진 전문인력을 양성하고자 자격제도 제정하였다.

각 제빵제품 제조에 필요한 재료의 배합표 작성, 재료 평량을 하고 각종 제빵용 기계 및 기구를 사용하여 반죽, 발효, 성형, 굽기 등의 공정을 거쳐 각종 빵류를 만드는 업무 수행을 평가한다.

■ 출제경향 : 제과평량, 반죽(발효), 성형, 굽기 등의 공정을 거쳐 요구하는 제과 작품을 만드는 작업 수행

■ 시험 과목
 - 필기 : 빵류 재료(제품 재료혼합, 반죽발효, 반죽정형, 반죽익힘, 마무리), 제조 및 위생관리(위생안전관리, 생산작업준비)
 - 실기 : 제빵 실무

■ 시험 방법
 - 필기 : 객관식 4지 택일형, 60문항(60분)
 - 실기 : 작업형(2~4시간 정도)

■ 합격기준
 - 필기·실기 : 100점을 만점으로 하여 60점 이상

■ 응시 자격 : 제한 없음

제빵기능사 실기과제 24가지

빵도넛, 소시지빵, 식빵(비상스트레이트법), 단팥빵(비상스트레이트법), 브리오슈, 그리시니, 밤식빵, 베이글, 햄버거빵, 스위트롤, 우유식빵, 불란서빵(프랑스빵), 단과자빵(트위스트형), 단과자빵(크림빵), 풀만식빵, 단과자빵(소보로빵), 더치빵, 호밀빵, 건포도식빵, 버터톱식빵, 옥수수식빵, 데니시페이스트리, 모카빵, 버터롤

© Africa Studio

<제빵기능사 합격자 현황>

구분	필기 시험			실기 시험		
	응시자수	합격자수	합격률	응시자수	합격자수	합격률
2021년	55,758명	26,213명	47%	33,246명	16,446명	49.5%
2020년	39,306명	18,467명	47%	22,004명	10,204명	46.4%
2019년	42,267명	14,581명	34.5%	24,555명	10,754명	43.8%
2018년	37,164명	11,656명	31.4%	24,957명	10,305명	41.3%
2017년	43,191명	12,584명	29.1%	27,307명	10,542명	38.6%

제과기능장(Master Craftsman Confectionary Making)

　　제과 및 제빵에 관한 최상급 숙련기능을 가지고 산업현장에서
작업관리 및 소속 기능 인력의 지도 및 감독, 현장훈련과
경영계층과 생산계층을 유기적으로 연계시켜 주는 현장관리
등의 업무를 수행할 수 있는 능력을 가진 인력을 양성하고자
제정한 자격제도이다. 각 제과, 제빵 제품 제조에 필요한 재료의
배합표 작성, 재료 평량을 하고 각종 제과용 기계 및 기구를
사용하여 성형, 굽기, 장식, 포장 등의 공정을 거쳐 각종 제과,
제빵제품을 만드는 업무 수행을 평가한다.

　■ 출제경향 : 제과평량, 반죽(발효), 성형, 굽기 등의 공정을
　거쳐 요구하는 제과, 제빵작품을 만드는 작업수행

　■ 시험 과목
　 - 필기 : 제과제빵이론, 재료과학, 식품위생학, 영향학 및 기타
　　제고 제빵에 관한 사항
　 - 실기 : 제과 및 제빵작업

　■ 시험 방법
　 - 필기 : 객관식 4지 택일형, 60문항(60분)
　 - 실기 : 복합형(작업형 6시간 + 필답형 1시간)

　■ 합격 기준
　 - 필기·실기 : 100점을 만점으로 하여 60점 이상

　　제과기능장 시험은 수시로 있지 않다. 때문에 시험에 관련된
사항은 한국기술자격검정원에서 확인하여야 한다.

〈제과기능장 합격자 현황〉

구분	필기 시험			실기 시험		
	응시자수	합격자수	합격률	응시자수	합격자수	합격률
2021년	394명	152명	38.6%	292명	37명	12.7%
2020년	406명	157명	38.7%	382명	63명	16.5%
2019년	379명	177명	46.7%	371명	54명	14.6%
2018년	382명	215명	56.3%	421명	71명	16.9%
2017년	441명	170명	38.5%	387명	59명	15.2%

떡제조기능사(Craftsman Tteok Making)

떡이나 한과를 만드는 제조원은 식품가공기능사를 득해야
한다고 하지만 그동안 정해진 자격제도와 시험이 없었다. 다만
한국떡류식품가공협회(http://www.kfdd.or.kr)가 시행하는
국가민간자격증으로 제병관리사 자격시험이 있었다.

그러나 국가직무능력표준이 개발됨에 따라 떡 제조 관련
직무능력을 알아보기 위한 자격 시험이 2019년 신설되었다.

떡제조기능사는 2019년부터 시행되어 떡에 관한 숙련기능을
가지고 떡제조와 관련되는 업무를 수행할 수 있는 능력을 가진
전문인력을 양성하고자 자격제도를 제정되었다.

■ 출제경향 : 설기떡류, 켜떡류, 빚어 찌는 떡류, 인절미, 찌는
찰떡류 등 떡제조 및 위생관리

■ 시 행 처 : 한국산업인력공단

■ 시험 과목
- 필기 : 떡제조 및 위생관리
- 실기 : 떡제조 실무

■ 시험 방법
- 필기 : 객관식 4지 택일형, 60문항(60분)
- 실기 : 작업형(2시간 정도)

■ 합격 기준
- 필기·실기 : 100점을 만점으로 하여 60점 이상

> 학점은행제
>
> 대학을 졸업하지 않아도
> '국가평생교육진흥원'에
> 학점 은행계좌를 만들어 놓
> 고 수시로 인정받은 학점을
> 저금해놓아 총 80학점(전
> 문학사)이나 140학점(학
> 사)이 모이면 국가에서 학
> 위를 수여하는 제도를 말
> 함.

〈떡제조기능사 합격자 현황〉

구분	필기 시험			실기 시험		
	응시자수	합격자수	합격률	응시자수	합격자수	합격률
2021년	7,110명	5,192명	73%	6,475명	3,199명	49.4%
2020년	6,573명	4,859명	73.9%	5,363명	2,931명	54.7%
2019년	4,008명	3,039명	75.8%	2,599명	1,611명	62%

떡·한과 제조원

떡의 전통적인 식문화를 이해하고 글로벌화를 목적으로, 영양적으로 우수하고 소비자의 기호에 맞는 떡류의 제조를 위해 곡류, 두류, 채소류 등과 같은 원재료와 제조·가공에 관한 지식, 기술을 가지고 설기떡, 켜떡, 빚어 찌는 떡, 부풀려서 찌는 떡, 약밥, 가래떡, 절편, 개피떡, 인절미, 단자류, 꽃전, 부꾸미, 주악, 산승, 경단류, 곡물류를 만들고, 떡 공예, 생산관리, 위생관리, 안전관리를 하는 일이다.

떡·한과 제조원의 주요한 일들을 보면 다음과 같다.

〈재료 준비와 관련된 일들〉
- 생산량에 따라 배합표를 작성한다.
- 배합표와 작업기준서에 따라 필요한 재료와 부재료를 양만큼 준비한다.
- 작업기준서에 따라 재료와 부재료를 전처리한다.
- 떡의 종류와 특성에 따라 물에 불리는 시간과 온도를 조정하고 필요할 경우 소금을 첨가한다.

산승(삼색산승)

산승(삼색산승)은 찹쌀가루에 꿀을 넣고 익반죽하여 세 뿔 모양으로 둥글게 빚어 기름에 지져 낸 다음 잣가루와 계피가루를 뿌려 만든 독특한 형태의 전병이다. 잔치 때 주로 편의 웃기떡으로 사용되었다. 파래가루, 브로콜리가루, 시금치가루, 녹차가루, 치자 물, 노랑파프리카, 당근가루 등의 다양한 색을 이용하여 제품을 만든다.

〈재료 계량과 관련된 일들〉
- 배합표에 따라 제품 별로 필요한 각 재료와 부재료를 정확히 필요한 만큼 계량한다.
- 제품의 특성과 생산량을 고려하여 소금·설탕의 양을 조절한다.
- 배합표에 따라 발효 미생물의 양을 계량한다.

〈재료 혼합과 관련된 일들〉
- 작업기준서에 따라 순서대로 재료와 부재료를 섞는다.

■ 작업기준서에 따라 계량된 황설탕, 계피가루, 진간장, 물,
캐러멜 소스, 꿀, 참기름을 넣어 혼합한다.
■ 재료와 부재료를 골고루 섞이도록 잘 혼합한다.

〈빻기와 관련된 일들〉
■ 생산량과 배합표에 따라 계량된 재료에 소금과 물을
첨가하여 빻는다.
■ 제품의 특성에 따라 빻는 정도를 조절한다.
■ 제품의 특성을 고려하여 불리는 시간을 조절하여 빻는다.

〈발효와 관련된 일들〉
■ 빻은 재료에 발효 미생물, 소금, 설탕, 물을 넣어 골고루
섞는다.
■ 작업기준서에 따라 온도와 습도를 조절하여 공정과정에
따라 발효시킨다.
■ 떡의 특성을 고려하여 발효 상태를 점검하면서 시간을
조절한다.

〈반죽과 관련된 일들〉
■ 떡의 종류 별 작업기준서에 따라 익반죽 또는 생반죽한다.
■ 배합표에 따라 물의 양을 조절하여 반죽한다.
■ 준비된 재료와 부재료의 상태에 따라 배합표 상의 물의 양을
조절하여 반죽한다.
■ 떡의 특성을 고려하여 반죽의 정도를 조절한다.

〈빚기와 관련된 일들〉

- 떡의 종류에 따라 떡의 모양과 크기를 조절하여 빚는다.
- 작업기준서에 따라 색깔을 낸다.
- 부재료의 특성을 살려 색채를 조화롭게 만든다.
- 필요한 경우 소두구를 사용하여 빚는다.

〈안치기와 관련된 일들〉

- 발효된 반죽에서 공기를 뺀 다음 성형기에 넣어 안친다.
- 작업기준서에 따라 준비된 고명을 여러 가지 모양으로 올린다.
- 재료나 부재료가 건조해지지 않도록 젖은 보자기로 덮는다.
- 찜기 안에 재료를 골고루 평평하게 안친다.
- 떡의 특성에 따라 고물을 일정한 두께로 골고루 펴서 안친다.

〈찌기와 관련된 일들〉

- 떡의 특성에 따라 찌는 시간과 온도를 조절한다.
- 재료와 부재료의 특성과 상태를 살펴 찌는 시간을 조절한다.
- 떡이 서로 붙지 않게 간격을 조절한다.

〈삶기와 관련된 일들〉

- 성형된 떡을 끓는 물에 넣어 저어주면서 삶는다.
- 떡의 특성을 고려하여 삶는 시간과 온도를 조절한다.
- 떡 작업기준서에 따라 익은 떡이 떠오르면 건져서 찬물에
  냉각한다.

〈볶기와 관련된 일들〉

- 부재료나 고물을 예열된 솥에 넣어 볶는다.
- 떡의 특성을 고려하여 부재료나 고물 볶는 시간과 온도를
  조절한다.

〈성형과 관련된 일들〉

- 찐쌀가루나 반죽을 제병기에 넣어 성형한다.
- 떡의 종류에 따라 밀대로 반복하여 밀면서 성형한다. 이때
  떡의 특성에 따라 정도를 조절한다.
- 필요할 경우 작업기준서에 따라 성형된 떡을 바로
  냉각시킨다.
- 떡의 종류에 따라 알맞은 크기로 분할한다.

〈장식과 관련된 일들〉

- 작업기준서에 따라 사용 가능한 착색제를 이용하여 떡에 필요한 색을 입힌다.
- 작업기준서에 따라 조각도, 칼, 가위, 모양 도구를 사용하여 재료를 용도에 맞는 크기와 모양으로 자르거나 찍어 모양을 낸다.
- 조각난 부재료를 이용하여 필요한 형태로 결합하여 모양을 낸다.
- 떡의 특성과 용도를 고려하여 장식재료를 사용하여 장식하며 질감을 낸다.
- 부재료의 특성과 색깔을 이용하여 떡을 용도에 어울리게 장식한다.

〈마무리와 관련된 일들〉

- 떡의 종류에 따라 바로 냉각한다.
- 떡의 종류에 따라 참기름을 바른다.
- 떡의 종류에 따라 수분을 건조시킨다.

〈포장과 관련된 일들〉

- 제품 특징에 맞는 포장지를 선택하여 포장한다.
- 떡이 서로 붙지 않게 포장한다.
- 제품의 품질유지를 위해 표기사항을 표시하여 포장한다.

〈도구 및 기기 관리에 관한 일들〉

- 도구 및 장비 등의 정리·정돈을 수시로 한다.
- 안전 장구류를 착용하여 부상을 예방한다.

■ 화상 위험 장비류(오븐, 찜기, 튀김기, 그릴 등)를 사용할
경우에는 안전지침에 따른 주의사항을 준수한다.
■ 적정한 수준의 조명과 환기를 유지한다.
■ 정기적으로 기기나 도구의 성능을 점검하고 고장이 있을
경우에 즉각 수리한다.
■ 퇴근 시에는 전기·가스 시설의 차단 및 점검을 상시화 한다.

〈생산계획수립과 관련된 일들〉
■ 계약서 및 발주서에 따라 제품 생산 계획을 수립한다.
■ 재고 현황을 파악하여 품목별 생산량을 조절한다.
■ 생산량과 생산 능력에 따른 생산 일정을 짠다.
■ 생산 일정에 따라 소요 재료와 부재료의 종류와 양을
산출하고 인력 배치 계획을 세운다.
■ 품목별 생산 계획에 따른 작업지시서를 작성하여
해당부서나 담당자에게 통보한다.
■ 새로운 형태의 제품을 기획한다.

〈생산 실적 및 생산성 관리에 관련된 일들〉
■ 생산 실적 데이터를 수집한다.
■ 데이터를 바탕으로 생산성을 분석하고 문제나 원인을
찾아낸다.
■ 제품의 재료에 대한 원가 변동을 수시로 조사하여
생산단가를 낮춘다.
■ 시장조사를 통하여 다양한 수요에 대응하는 제품을
개발한다.
■ 다양한 방법으로 제품 홍보활동을 적극적으로 한다.
■ 고객의 욕구를 조사하고, 고객서비스를 향상한다.

© sungsu han

〈위생관리에 관련된 일들〉

- 종사자들의 두발, 손톱 등 신체 청결을 유지한다.
- 위생복, 위생모, 작업화 등 개인 위생 장구 착용을
상시화한다.
- 위생 관리 지침에 따라 가공 기계·설비 위생 관리 업무를
수행한다.
- 작업장 내에서 사용하는 모든 도구의 청결 상태를 수시로
점검한다.
- 위생관리 지침에 따라 오븐, 화덕, 믹서, 냉장고, 배수구 등
작업장 기계·설비들의 위생을 점검한다.
- 작업장의 위생에 유의하여 소독, 방충, 방서 활동을
정기적으로 행한다.

우리나라 제과제빵명장

우리나라(대한민국)에는 제과제빵명장이 있다. 고용노동부에서 매년 기술분야를 대상으로 선정하는 최고의 기능인으로, 제과부문에서는 2000년도에 처음으로 첫 명장이 탄생했다.

제과 명장 1호 : 박찬회(박찬회 화과자) – 2000년

제과 명장 2호 : 임헌양(브레댄코) – 2001년

제과 명장 3호 : 권상범(리치몬드 과자점) – 2003년

제과 명장 4호 : 김종익(김종익 과자점) – 2003년

제과 명장 5호 : 서정웅(코른베르그 과자점) – 2005년

제과 명장 6호 : 김영모(김영모 과자점) – 2007년

제과 명장 7호 : 안창현(안스베이커리) – 2009년

제과 명장 8호 : 함상훈 (함스브로트 과자점) – 2011년

제과 명장 9호 : 홍종흔(홍종흔 베이커리) – 2012년

제과 명장 10호 : 송영광(후앙 베이커리) – 2014년

제과 명장 11호 : 박준서(명장시대) – 2016년

제과 명장 12호 : 인재홍(빵과당신) – 2017년

제과 명장 13호 : 이흥용(이흥용 과자점) – 2018년

제과 명장 14호 : 김덕규(김덕규 과자점) – 2019년

Part Four

Reference

제과 · 제빵의 도구

〈대형 도구〉

■ 급속 냉동고(quickfreezer) : 빠른 시간에
재료를 얼리도록 하는 기계로 −40℃까지
냉동이 가능하다.

■ 도넛 기계(doughnuts fryer) : 일정한 온도로
도넛을 튀기는 기계

■ 래크(rack) : 빵 틀에 채운 반죽이나 구울
빵을 얹는 목제 또는 철제로 된 선반인데

고정식과 이동식이 있다.

■ 마블테이블(marbletable) : 밑에 냉장고가
설치되 있는 작업대

■ 발효기(proof box) : 반죽을 발효시키는데
사용되는 기계로 건조 발효기, 습윤 발효기,
건조·습윤 혼합 발효기 등이 있다.

■ 버티칼 믹서(vertical mixer) : 제과 및 제빵용
반죽을 하는 수직형 믹서 기계

■ 스파이럴 믹서(spiral mixer): 제과 및 제빵용 반죽을 하는 나선형 믹서 기계로 많은 양의 재료를 반죽할 때 사용한다.

■ 생크림 기계(fresh cream machine) : 생크림을 만드는 기계

■ 식빵 슬라이스(toast slicer) : 일정한 간격으로 식빵을 자르는 기계

■ 아이스크림 기계(ice cream machine) : 아이스크림 재료를 넣어 아이스크림을 만드는 기계로 짧은 시간 안에 아이스크림을 만들 수 있다.

■ 자동 빵 성형기 : 숙성된 반죽을 원하는 형태로 자동으로 분할하여 정형까지 해주는 기계

■ 오븐(Oven) : 과자나 빵을 굽는 기계로 고정식, 회전식, 터널식 등이 있다.

〈소형 도구〉

■ 밀대 : 반죽을 밀어 펴거나 가스를 뺄 때 사용하는 둥근 도구

■ 손 거품기 : 계란을 풀거나 흰자로 거품을

만드는 기계

■ 체(flour sifter) : 밀가루 속의 이물질을 제거하거나, 덩어리를 가려내는 데 사용

■주걱 : 반죽을 할 때 볼에 붙은 반죽을 제거하거나 들어낼 때 사용하는 도구로 고무주걱, 나무주걱, 실리콘 주걱 등이 있음

■ 모양 깍지 : 과자를 만들 때 여러 가지 모양으로 성형하는 도구. 별, 원형, 납작모양 등 여러 가지 모양이 있음.

■ 냉각팬 : 구워낸 제품을 식힐 때 사용

■ 스패튤러 : 크림이나 잼을 바를 때 사용

■ 평철판(bread sheet) : 과자나 빵을 만들 때 사용하는 팬으로 표면에 코팅이 되어 있어 기름칠을 하지 않고 사용이 가능하며 바게트 팬(baguette tray), 식빵 팬(bread pan) 등이 있다.

■ 구겔호프 케이크 틴(gugelhopf cake tin) : 여러 가지 모양의 케이크를 만들 수 있는 틀

■ 과자 팬(cake & cookie pan) : 다양한 모양의 과자와 쿠키를 만들 때 사용하는 팬.

■ 마들렌용 번 접시(bun tray madelaine) :

마들렌 페이스트리를 만들 때 사용하는
조개껍질 모양의 틀

■ 시폰 팬(chiffon pan) : 시폰 케이크를
구울 때 사용하는 팬

■ 타르트 틴(tartle tin) : 소형 케이크 틀로서
타르트, 작은 과자 등을 만들 때 사용

■ 스크레이퍼 : 반죽을 자르거나 케이크
반죽을 평평하게 할 때 사용

■ 당도계(brixmeter) : 당도를 잴 때
사용하는 기구

■ 반달 피자칼(half-moon shaped knife) :
피자를 절단할 때 사용하는 칼

■ 분할기(cake divider) : 케이크를 8조각
혹은 12조각으로 나눌 때 분할할 곳을
표시하는 도구

■ 빵칼(bread knife) : 빵을 자를 때
사용하는 톱니 모양의 칼

■ 삼각칼(triangle comb) : 측면에 톱날이
있어 데코레이션 케이크의 아이싱 시
물결무늬를 내는데 사용

■ 스페치(spatula) : 피자를 들어 올릴 때
사용하는 도구

■ 스크레이퍼(scraper) : 반죽을 나눌 때
사용하는 도구.

■ 스파이크 롤러(spiked roller) : 못이 박힌
모양의 롤러로 비스킷 또는 과자류에 골고루
구멍 낼 때 사용

■ 쿠키 커터(cookie cutter) : 쿠키의 모양을
만들 때 사용하는 도구로 국화, 나뭇잎,
별모양, 하트 모양 등 여러 가지가 있음.

■ 페이스트리 커터(pastry cutter) :
페이스트리, 케이크, 아이스크림 등을
정확하게 자르기 위해 사용하는 기구

이 외에도 제과 제빵의 방법에 따라 다양한
도구가 있으며 항상 새롭게 만들어 사용할 수
있다.

떡과 한과의 도구

〈대형 도구〉

■ 방아 : 곡물을 찧거나 빻는 기구. 디딜방아,
물레방아, 연자방아 등이 있음

■ 절구와 절굿공이 : 가루를 만들거나 떡을
칠 때 이용. 쇠, 나무, 돌로 된 절구가 있음

■ 키 : 찧어낸 곡식에서 겨나 티끌을
걸러내는 기구

■ 맷돌과 맷방석 : 맷돌은 곡식을 갈아서
가루로 만들 때, 물에 불린 콩이나 곡식 등을
갈 때에 쓰는 기구이고 맷방석은 맷돌로
곡식을 갈 때 밑에 깔아 가루를 받는데 사용

■ 떡판과 떡메 : 떡을 칠 때 쓰는 용구로 떡판
위에 찐 떡을 놓고 떡메로 친다.

■ 번철 : 지지는 떡을 만들 때 쓰는 도구로
무쇠로 만든 철판

■ 시루 : 떡을 찔 때 쓰는 구멍이 뚫린 옹기
모양의 그릇

■ 물솥 : 떡을 찔 때 이용하는 도구

이 밖에 보일러, 냉동기, 방아기계, 절단기,
제병기 등 여러 도구들이 있다.

〈소형 도구〉

■ 베보자기 : 떡을 찔 때 사용하기도 하고
반죽이 마르지 않도록 덮을 때 사용

■ 체 : 쌀가루나 고물 등을 고르게 쳐서 내릴
때에 사용

■ 떡살 : 도장처럼 눌러 떡에 모양과 무늬를
만드는 판

■ 다식판 : 다식의 모양을 만들 때 사용하는 틀

■ 약과틀 : 약과의 모양을 만들 때 사용하는 틀

■ 강정틀 : 강정을 만들 때 사용하는 도구로
일정한 두께로 강정을 평평하게 만드는 도구

■ 조리 : 댓가지를 국자 모양으로 엮어서
물에 담근 곡식을 조금씩 일어 떠내는 용구

■ 밀방망이와 밀판 : 반죽을 일정한 두께로
밀어서 얇고 넓게 펴는 데 사용하는 도구

이밖에도 완성된 떡을 담는 광주리, 소쿠리, 채반이 있고,
떡이나 강정을 보관할 때 사용하는 버들가지로 엮은 상자인
석작과 동구리가 있다. 계량도구로는 나무로 만든 되와 말이
있으나 요즈음은 계량컵이나 저울, 계량스푼 등을 이용한다.
그리고 재료를 잘게 다지거나 여러 재료를 골고루 섞을 때는
믹서와 분쇄기를 사용하고, 적은 양을 갈 때는 옛날부터 지금까지
강판을 사용한다. 잣가루를 만들 때는 잣갈이를 사용한다. 연근,
무, 감자 등 정과의 재료로 사용되는 재료의 껍질을 얇게 벗길
때는 조리기구인 필러를 사용한다. 또한 엿물에 깨나 튀밥, 콩, 잣
등 재료를 넣고 버무리는데 쓰는 나무 주걱과 고무 주걱도
있으며, 각종 온도계도 있다.

떡살 무늬 이야기

- 십장생 · 봉황 · 국수무늬 : 장수와 해로를 바라는 의미

- 태극무늬 : 우주의 근원, 음양의 조화를 상징

- 동그라미 · 네모무늬 : 동그라미는 하늘을, 네모는 땅을 상징

- 격자무늬 : 벽사(귀신을 쫓음)의 의미 상징

- 길상무늬 : 수부귀(富貴) · 복(壽福)무늬, 장수와 복을 상징

- 물고기무늬 : 자손의 번창과 출세를 상징

- 국화무늬 : 길상(吉相), 장수를 상징

이 밖에 빗살무늬와 꽃을 조화시킨 무늬, 단옷날의 수리취 절편에 새기는 수레바퀴무
늬 등 여러 가지가 있다.
일반적으로 잔치 떡에는 꽃무늬를 사용하고, 친척에게 선물로 보낼 때에는 부귀와 수
복을 뜻하는 길상무늬를 찍어 보낸다.
궁중에서는 나무떡살보다는 백자로 만든 떡살을 사용하였다.

02 식품위생법

제1장 총칙

제1조(목적)
이 법은 식품으로 인하여 생기는 위생상의 위해(危害)를 방지하고 식품영양의 질적 향상을 도모하며
식품에 관한 올바른 정보를 제공하여 국민보건의 증진에 이바지함을 목적으로 한다.

제2조(정의)
이 법에서 사용하는 용어의 뜻은 다음과 같다.
1. "식품"이란 모든 음식물(의약으로 섭취하는 것은 제외한다)을 말한다.
2. "식품첨가물"이란 식품을 제조·가공·조리 또는 보존하는 과정에서 감미(甘味), 착색(着色),
표백(漂白) 또는 산화방지 등을 목적으로 식품에 사용되는 물질을 말한다. 이 경우

기구(器具)、용기、포장을 살균、소독하는 데에 사용되어 간접적으로 식품으로 옮아갈 수 있는 물질을 포함한다.

3. "화학적 합성품"이란 화학적 수단으로 원소(元素) 또는 화합물에 분해 반응 외의 화학 반응을 일으켜서 얻은 물질을 말한다.

4. "기구"란 다음 각 목의 어느 하나에 해당하는 것으로서 식품 또는 식품첨가물에 직접 닿는 기계、기구나 그 밖의 물건(농업과 수산업에서 식품을 채취하는 데에 쓰는 기계、기구나 그 밖의 물건 및「위생용품 관리법」제2조제1호에 따른 위생용품은 제외한다)을 말한다.

가. 음식을 먹을 때 사용하거나 담는 것

나. 식품 또는 식품첨가물을 채취、제조、가공、조리、저장、소분[(小分): 완제품을 나누어 유통을 목적으로 재포장하는 것을 말한다. 이하 같다]、운반、진열할 때 사용하는 것

5. "용기、포장"이란 식품 또는 식품첨가물을 넣거나 싸는 것으로서 식품 또는 식품첨가물을 주고받을 때 함께 건네는 물품을 말한다.

6. "위해"란 식품, 식품첨가물, 기구 또는 용기、포장에 존재하는 위험요소로서 인체의 건강을 해치거나 해칠 우려가 있는 것을 말한다.

9. "영업"이란 식품 또는 식품첨가물을 채취、제조、가공、조리、저장、소분、운반 또는 판매하거나 기구 또는 용기、포장을 제조、운반、판매하는 업(농업과 수산업에 속하는 식품 채취업은 제외한다)을 말한다.

10. "영업자"란 제37조제1항에 따라 영업허가를 받은 자나 같은 조 제4항에 따라 영업신고를 한 자 또는 같은 조 제5항에 따라 영업등록을 한 자를 말한다.

11. "식품위생"이란 식품, 식품첨가물, 기구 또는 용기、포장을 대상으로 하는 음식에 관한 위생을 말한다.

12. "집단급식소"란 영리를 목적으로 하지 아니하면서 특정 다수인에게 계속하여 음식물을 공급하는 다음 각 목의 어느 하나에 해당하는 곳의 급식시설로서 대통령령으로 정하는 시설을 말한다.

　　가. 기숙사

　　나. 학교

　　다. 병원

　　라.「사회복지사업법」제2조제4호의 사회복지시설

　　마. 산업체

　　바. 국가, 지방자치단체 및「공공기관의 운영에 관한 법률」제4조제1항에 따른 공공기관

　　사. 그 밖의 후생기관 등

13. "식품이력추적관리"란 식품을 제조、가공단계부터 판매단계까지 각 단계별로 정보를 기록、관리하여 그 식품의 안전성 등에 문제가 발생할 경우 그 식품을 추적하여 원인을 규명하고 필요한 조치를 할 수 있도록 관리하는 것을 말한다.

14. "식중독"이란 식품 섭취로 인하여 인체에 유해한 미생물 또는 유독물질에 의하여 발생하였거나 발생한 것으로 판단되는 감염성 질환 또는 독소형 질환을 말한다.

15. "집단급식소에서의 식단"이란 급식대상 집단의 영양섭취기준에 따라 음식명, 식재료, 영양성분, 조리방법, 조리인력 등을 고려하여 작성한 급식계획서를 말한다.

제3조(식품 등의 취급)
① 누구든지 판매(판매 외의 불특정 다수인에 대한 제공을 포함한다. 이하 같다)를 목적으로 식품 또는 식품첨가물을 채취·제조·가공·사용·조리·저장·소분·운반 또는 진열을 할 때에는 깨끗하고 위생적으로 하여야 한다.
② 영업에 사용하는 기구 및 용기·포장은 깨끗하고 위생적으로 다루어야 한다.
③ 제1항 및 제2항에 따른 식품, 식품첨가물, 기구 또는 용기·포장(이하 "식품등"이라 한다)의 위생적인 취급에 관한 기준은 총리령으로 정한다.

제4조(위해식품등의 판매 등 금지)
누구든지 다음 각 호의 어느 하나에 해당하는 식품등을 판매하거나 판매할 목적으로 채취·제조·수입·가공·사용·조리·저장·소분·운반 또는 진열하여서는 아니 된다.
  1. 썩거나 상하거나 설익어서 인체의 건강을 해칠 우려가 있는 것
  2. 유독·유해물질이 들어 있거나 묻어 있는 것 또는 그러할 염려가 있는 것. 다만, 식품의약품안전처장이 인체의 건강을 해칠 우려가 없다고 인정하는 것은 제외한다.
  3. 병(病)을 일으키는 미생물에 오염되었거나 그러할 염려가 있어 인체의 건강을 해칠 우려가 있는 것
  4. 불결하거나 다른 물질이 섞이거나 첨가(添加)된 것 또는 그 밖의 사유로 인체의 건강을 해칠 우려가 있는 것
  5. 제18조에 따른 안전성 심사 대상인 농·축·수산물 등 가운데 안전성 심사를 받지 아니하였거나 안전성 심사에서 식용(食用)으로 부적합하다고 인정된 것
  6. 수입이 금지된 것 또는 「수입식품안전관리 특별법」 제20조제1항에 따른 수입신고를 하지 아니하고 수입한 것
  7. 영업자가 아닌 자가 제조·가공·소분한 것

제6조(기준·규격이 정하여지지 아니한 화학적 합성품 등의 판매 등 금지)
누구든지 다음 각 호의 어느 하나에 해당하는 행위를 하여서는 아니 된다. 다만, 식품의약품안전처장이 제57조에 따른 식품위생심의위원회(이하 "심의위원회"라 한다)의 심의를 거쳐 인체의 건강을 해칠 우려가 없다고 인정하는 경우에는 그러하지 아니하다.
  1. 제7조제1항 및 제2항에 따라 기준·규격이 정하여지지 아니한 화학적 합성품인 첨가물과 이를 함유한 물질을 식품첨가물로 사용하는 행위
  2. 제1호에 따른 식품첨가물이 함유된 식품을 판매하거나 판매할 목적으로 제조·수입·가공·사용·조리·저장·소분·운반 또는 진열하는 행위

제7조(식품 또는 식품첨가물에 관한 기준 및 규격)

① 식품의약품안전처장은 국민보건을 위하여 필요하면 판매를 목적으로 하는 식품 또는 식품첨가물에 관한 다음 각 호의 사항을 정하여 고시한다.

  1. 제조·가공·사용·조리·보존 방법에 관한 기준

  2. 성분에 관한 규격

② 식품의약품안전처장은 제1항에 따라 기준과 규격이 고시되지 아니한 식품 또는 식품첨가물의 기준과 규격을 인정받으려는 자에게 제1항 각 호의 사항을 제출하게 하여 「식품·의약품분야 시험·검사 등에 관한 법률」 제6조제3항제1호에 따라 식품의약품안전처장이 지정한 식품전문 시험·검사기관 또는 같은 조 제4항 단서에 따라 총리령으로 정하는 시험·검사기관의 검토를 거쳐 제1항에 따른 기준과 규격이 고시될 때까지 그 식품 또는 식품첨가물의 기준과 규격으로 인정할 수 있다.

③ 수출할 식품 또는 식품첨가물의 기준과 규격은 제1항 및 제2항에도 불구하고 수입자가 요구하는 기준과 규격을 따를 수 있다.

④ 제1항 및 제2항에 따라 기준과 규격이 정하여진 식품 또는 식품첨가물은 그 기준에 따라 제조·수입·가공·사용·조리·보존하여야 하며, 그 기준과 규격에 맞지 아니하는 식품 또는 식품첨가물은 판매하거나 판매할 목적으로 제조·수입·가공·사용·조리·저장·소분·운반·보존 또는 진열하여서는 아니 된다.

제3장 기구와 용기·포장

제8조(유독기구 등의 판매·사용 금지)

유독·유해물질이 들어 있거나 묻어 있어 인체의 건강을 해칠 우려가 있는 기구 및 용기·포장과 식품 또는 식품첨가물에 직접 닿으면 해로운 영향을 끼쳐 인체의 건강을 해칠 우려가 있는 기구 및 용기·포장을 판매하거나 판매할 목적으로 제조·수입·저장·운반·진열하거나 영업에 사용하여서는 아니 된다.

제9조(기구 및 용기·포장에 관한 기준 및 규격)

① 식품의약품안전처장은 국민보건을 위하여 필요한 경우에는 판매하거나 영업에 사용하는 기구 및 용기·포장에 관하여 다음 각 호의 사항을 정하여 고시한다.

  1. 제조 방법에 관한 기준

  2. 기구 및 용기·포장과 그 원재료에 관한 규격

② 식품의약품안전처장은 제1항에 따라 기준과 규격이 고시되지 아니한 기구 및 용기·포장의 기준과 규격을 인정받으려는 자에게 제1항 각 호의 사항을 제출하게 하여 「식품·의약품분야 시험·검사 등에 관한 법률」 제6조제3항제1호에 따라 식품의약품안전처장이 지정한 식품전문

시험·검사기관 또는 같은 조 제4항 단서에 따라 총리령으로 정하는 시험·검사기관의 검토를 거쳐 제1항에 따라 기준과 규격이 고시될 때까지 해당 기구 및 용기·포장의 기준과 규격으로 인정할 수 있다.

③ 수출할 기구 및 용기·포장과 그 원재료에 관한 기준과 규격은 제1항 및 제2항에도 불구하고 수입자가 요구하는 기준과 규격을 따를 수 있다.

④ 제1항 및 제2항에 따라 기준과 규격이 정하여진 기구 및 용기·포장은 그 기준에 따라 제조하여야 하며, 그 기준과 규격에 맞지 아니한 기구 및 용기·포장은 판매하거나 판매할 목적으로 제조·수입·저장·운반·진열하거나 영업에 사용하여서는 아니 된다.

제36조(시설기준)

① 다음의 영업을 하려는 자는 총리령으로 정하는 시설기준에 맞는 시설을 갖추어야 한다.

  1. 식품 또는 식품첨가물의 제조업, 가공업, 운반업, 판매업 및 보존업

  2. 기구 또는 용기·포장의 제조업

  3. 식품접객업

② 제1항 각 호에 따른 영업의 세부 종류와 그 범위는 대통령령으로 정한다.

제37조(영업허가 등)

① 제36조제1항 각 호에 따른 영업 중 대통령령으로 정하는 영업을 하려는 자는 대통령령으로 정하는 바에 따라 영업 종류별 또는 영업소별로 식품의약품안전처장 또는 특별자치시장·특별자치도지사·시장·군수·구청장의 허가를 받아야 한다. 허가받은 사항 중 대통령령으로 정하는 중요한 사항을 변경할 때에도 또한 같다.

② 식품의약품안전처장 또는 특별자치시장·특별자치도지사·시장·군수·구청장은 제1항에 따른 영업허가를 하는 때에는 필요한 조건을 붙일 수 있다.

③ 제1항에 따라 영업허가를 받은 자가 폐업하거나 허가받은 사항 중 같은 항 후단의 중요한 사항을 제외한 경미한 사항을 변경할 때에는 식품의약품안전처장 또는 특별자치시장·특별자치도지사·시장·군수·구청장에게 신고하여야 한다.

④ 제36조제1항 각 호에 따른 영업 중 대통령령으로 정하는 영업을 하려는 자는 대통령령으로 정하는 바에 따라 영업 종류별 또는 영업소별로 식품의약품안전처장 또는 특별자치시장·특별자치도지사·시장·군수·구청장에게 신고하여야 한다. 신고한 사항 중 대통령령으로 정하는 중요한 사항을 변경하거나 폐업할 때에도 또한 같다.

⑤ 제36조제1항 각 호에 따른 영업 중 대통령령으로 정하는 영업을 하려는 자는 대통령령으로 정하는 바에 따라 영업 종류별 또는 영업소별로 식품의약품안전처장 또는 특별자치시장·특별자치도지사·시장·군수·구청장에게 등록하여야 하며, 등록한 사항 중 대통령령으로 정하는 중요한 사항을 변경할 때에도 또한 같다. 다만, 폐업하거나 대통령령으로 정하는 중요한 사항을 제외한 경미한 사항을 변경할 때에는 식품의약품안전처장 또는

특별자치시장·특별자치도지사·시장·군수·구청장에게 신고하여야 한다.

⑥ 제1항, 제4항 또는 제5항에 따라 식품 또는 식품첨가물의 제조업·가공업의 허가를 받거나 신고 또는 등록을 한 자가 식품 또는 식품첨가물을 제조·가공하는 경우에는 총리령으로 정하는 바에 따라 식품의약품안전처장 또는 특별자치시장·특별자치도지사·시장·군수·구청장에게 그 사실을 보고하여야 한다. 보고한 사항 중 총리령으로 정하는 중요한 사항을 변경하는 경우에도 또한 같다.

⑦ 식품의약품안전처장 또는 특별자치시장·특별자치도지사·시장·군수·구청장은 영업자(제4항에 따른 영업신고 또는 제5항에 따른 영업등록을 한 자만 해당한다)가「부가가치세법」 제8조에 따라 관할세무서장에게 폐업신고를 하거나 관할세무서장이 사업자등록을 말소한 경우에는 신고 또는 등록 사항을 직권으로 말소할 수 있다.

⑧ 제3항부터 제5항까지의 규정에 따라 폐업하고자 하는 자는 제71조부터 제76조까지의 규정에 따른 영업정지 등 행정 제재처분기간과 그 처분을 위한 절차가 진행 중인 기간(「행정절차법」 제21조에 따른 처분의 사전 통지 시점부터 처분이 확정되기 전까지의 기간을 말한다) 중에는 폐업신고를 할 수 없다.

⑨ 식품의약품안전처장 또는 특별자치시장·특별자치도지사·시장·군수·구청장은 제7항의 직권말소를 위하여 필요한 경우 관할 세무서장에게 영업자의 폐업여부에 대한 정보 제공을 요청할 수 있다. 이 경우 요청을 받은 관할 세무서장은「전자정부법」제39조에 따라 영업자의 폐업여부에 대한 정보를 제공한다.

⑩ 식품의약품안전처장 또는 특별자치시장·특별자치도지사·시장·군수·구청장은 제1항에 따른 허가 또는 변경허가의 신청을 받은 날부터 총리령으로 정하는 기간 내에 허가 여부를 신청인에게 통지하여야 한다.

⑪ 식품의약품안전처장 또는 특별자치시장·특별자치도지사·시장·군수·구청장이 제10항에서 정한 기간 내에 허가 여부 또는 민원 처리 관련 법령에 따른 처리기간의 연장을 신청인에게 통지하지 아니하면 그 기간(민원 처리 관련 법령에 따라 처리기간이 연장 또는 재연장된 경우에는 해당 처리기간을 말한다)이 끝난 날의 다음 날에 허가를 한 것으로 본다.

⑫ 식품의약품안전처장 또는 특별자치시장·특별자치도지사·시장·군수·구청장은 다음 각 호의 어느 하나에 해당하는 신고 또는 등록의 신청을 받은 날부터 3일 이내에 신고수리 여부 또는 등록 여부를 신고인 또는 신청인에게 통지하여야 한다.

　1. 제3항에 따른 변경신고

　2. 제4항에 따른 영업신고 또는 변경신고

　3. 제5항에 따른 영업의 등록·변경등록 또는 변경신고

⑬ 식품의약품안전처장 또는 특별자치시장·특별자치도지사·시장·군수·구청장이 제12항에서 정한 기간 내에 신고수리 여부, 등록 여부 또는 민원 처리 관련 법령에 따른 처리기간의 연장을 신고인이나 신청인에게 통지하지 아니하면 그 기간(민원 처리 관련 법령에 따라 처리기간이 연장 또는 재연장된 경우에는 해당 처리기간을 말한다)이 끝난 날의 다음 날에 신고를 수리하거나 등록을

한 것으로 본다.

제41조(식품위생교육)
① 대통령령으로 정하는 영업자 및 유흥종사자를 둘 수 있는 식품접객업 영업자의 종업원은 매년
식품위생에 관한 교육(이하 "식품위생교육"이라 한다)을 받아야 한다.
② 제36조제1항 각 호에 따른 영업을 하려는 자는 미리 식품위생교육을 받아야 한다. 다만, 부득이한
사유로 미리 식품위생교육을 받을 수 없는 경우에는 영업을 시작한 뒤에 식품의약품안전처장이
정하는 바에 따라 식품위생교육을 받을 수 있다.
③ 제1항 및 제2항에 따라 교육을 받아야 하는 자가 영업에 직접 종사하지 아니하거나 두 곳 이상의
장소에서 영업을 하는 경우에는 종업원 중에서 식품위생에 관한 책임자를 지정하여 영업자 대신
교육을 받게 할 수 있다. 다만, 집단급식소에 종사하는 조리사 및 영양사(「국민영양관리법」
제15조에 따라 영양사 면허를 받은 사람을 말한다. 이하 같다)가 식품위생에 관한 책임자로
지정되어 제56조제1항 단서에 따라 교육을 받은 경우에는 제1항 및 제2항에 따른 해당 연도의
식품위생교육을 받은 것으로 본다.
④ 제2항에도 불구하고 다음 각 호의 어느 하나에 해당하는 면허를 받은 자가 제36조제1항제3호에
따른 식품접객업을 하려는 경우에는 식품위생교육을 받지 아니하여도 된다.
    1. 제53조에 따른 조리사 면허
    2. 「국민영양관리법」 제15조에 따른 영양사 면허
    3. 「공중위생관리법」 제6조의2에 따른 위생사 면허
⑤ 영업자는 특별한 사유가 없는 한 식품위생교육을 받지 아니한 자를 그 영업에 종사하게 하여서는
아니 된다.
⑥ 제1항 및 제2항에 따른 교육의 내용, 교육비 및 교육 실시 기관 등에 관하여 필요한 사항은
총리령으로 정한다.

행복한 직업 찾기
나의 직업 제과제빵떡사

초판 1쇄 인쇄 2014년 5월 8일
개정판 1쇄 인쇄 2020년 12월 28일

개정2판 1쇄 인쇄 2022년 5월 20일
개정2판 1쇄 발행 2022년 5월 30일

글 | 꿈디자인LAB
펴 낸 곳 | 동천출판
사   진 | 서울호서직업전문학교. 장동익 쉐프님.
               Pixabay. shutterstock.

등   록 | 2013년 4월 9일 제319-2013-25호
주   소 | 서울특별시 서초구 효령로 60길 15(서초동, 202호)
전화번호 | (02) 588 - 8485
팩   스 | (02) 583 - 8480
전자우편 | dongcheon35@naver.com

값 18,000원
ISBN   979-11-85488-74-5 (44370)
               979-11-85488-05-9 (세트)

*잘못 만들어진 책은 구입하신 서점에서 바꿔 드립니다.